王会军 主编

传媒集团倾情奉献

晚报》荣誉出品

物产大连

民间问答

关于大连物产的十万个为什么

大连出版社
DALIAN PUBLISHING HOUSE

序

2006年，我有幸去长山群岛工作。短短三年的“入乡随俗”经历，却馈赠了我足够汲取一生的“海文化”营养。

独有的地理地缘造就了那片浩荡丰美的海域，向世界奉献出中国最好的海鲜。带有浓重海腔海味的长海方言，更是赋予了每一类物种恰到好处的诠释，口口相传间，演绎成一部灵动的民间海鲜辞典。我这大学毕业才分配来大连的外乡人，从搞不懂海鲜、海物、海货、海产品有什么区别，到对“领鲜全国”的大连海鲜如数家珍，才算实现了真正意义上的“精神打卡”，至此也完成此乡为故乡、他乡成原乡的“家园认同”。

在大连，有机会到海岛工作的“外砬子”，不一定有缘分一竿子插到乡镇去。我曾经工作的镇到现在还是集体所有制经济，对渔民来说，大海就是陆上农民的土地，是赖以繁衍的生产资料。要与渔民兄弟姐妹融为一体，用心懂海、真情敬海，是最起码的。实践是最好的老师。在生活的大课堂里，曾经的一知半解，都迎刃而解；曾经的熟视无睹，都耳熟能详。

“刀鱼头鲅鱼尾”之说，原来还真以为是讹传——对刀鱼而言头部最鲜美好吃，对鲅鱼而言尾部最鲜香可口。海岛老渔民告诉我，沿岸捕捞作业，一年当中第一潮上来的是刀鱼，最后一潮上来的是鲅鱼，所以才有“刀鱼头鲅鱼尾”一说。每年大约三月中旬，大连地区第一网虾爬子在庄河上岸，拖上半个月时间，长海海域才捕捞上来第一网虾爬子。只有庄河与长海的头网虾爬子，颜色青褐，口味才既鲜又甜，因为黄海的有益微生物比渤海的多；鲍鱼壳上的孔眼并不表示鲍鱼的年龄；赤甲红蟹子是不分公母的……

目前已知的海洋贝类有 400 种左右，其中，大连近海贝类就有 243 种，想一一叫准名称都很难，更别提深入浅出地介绍了。所以，太多太多的常识需要较真儿咬硬。何止是海鲜，大连这片神奇沃土又有多少数不尽的物产，仿佛一部未完待续的百科全书等待我们去探索发现。

食味思源。山的味道、风的味道、海的味道、时间的味道、人情的味道，蕴含着天人合一的朴素哲学，才下舌尖，又上心尖。

这本《物美大连》只是一个开始。媒体融合，赐予了我们可贵的机缘巧合，得以融文、图、声、像于一体，从物美的维度讲述大连故事，自然有道，大道大美。

大连是中国的，大连更是世界的。祈愿《物美大连》垂涎全国，鲜动世界。

目录

春

P002 / 063

夏

大暑

圣女果和西红柿啥关系？它真是转基因食物吗？

一条『丑鱼』凭什么撑起大连餐桌『半壁江山』？

小暑

海撒在南方能致命？为何在大连是美味？

离开了这方水土，还有『杏中之王』歇马杏吗？

夏至

墙内开花墙外香，大连山牛蒡到底有多牛？

大连种植的树莓，为何市场上少见？

芒种

大连『土特产』火龙果，你真的吃过吗？

吃蛏子能喝啤酒吗？产地和口感有啥关系？

小满

吃『红里子』讲究真不少，吃了『拿脑子』是错在哪儿？

枣？桃？猕猴桃？奇异莓缘何奇异？

立夏

香菇咋还分白面黑面？痛风病人为何不能吃？

海鲋的传宗接代好神奇，丈夫死了，妻子如何变身？

霜降

寒露

秋分

白露

处暑

立秋

冬

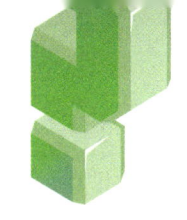

春
此时，岁月正酝酿第一场美人计，请将计就计。

SPRING

立春一日，百草回芽。
阳和启蛰，品物皆春。
真正的春天，驻守在每个人的心底。

立春

立，始建也。
春气始而建立也。

海带

hǎi dài

有『长寿菜』之称的海带，大连人能不能常吃？

紫菜、裙带菜、海带，这些都是大连人喜爱的海中菜，不仅味美价廉，营养价值也很高，尤其有着“碱性食物之王”和“长寿菜”之称的海带，每年到这个盛产的季节时，都是经常出现在餐桌上的美味。海带不仅能吃，大连企业还将它制成海带香皂、海带面膜、海带醋、海带挂面等 200 多款产品。海带都有哪些营养价值？

答疑嘉宾 | 旅顺口区深海牧场（大连）渔业有限公司负责人王垒

★扫码尊享视觉盛宴

海带为何被叫做“长寿菜”？

海带又名纶布、江白菜，生长于水温较低的海中。海带成本低廉，营养丰富，是一种重要的海生资源。海带营养价值极高，素有“长寿菜”美称，是一种理想的天然海洋食品。

大连海带养殖经历了怎样的历史?

20世纪二三十年代，海带首次从日本引入中国，达官显贵就命令旅顺当地渔夫人工养殖海带。新中国成立后，当地人民政府大力扶持渔民养殖场，经过了几辈人辛勤的耕耘，才有了今天的成果，如今海带是旅顺盛产的最好的物产之一。

吃海带有哪些禁忌?

海带严禁与甘草同食，吃海带后不要马上喝茶，也不要立刻吃酸涩的水果。患有甲亢的病人不要吃海带，孕妇和产妇不要多吃海带。沿海的高碘地区居民要尽量少食海带，这样可以预防碘过量疾病的发生。另外，过量食用海带，可能导致患甲状腺癌症。

大连海带产量在全球处于什么水平?

近年来海带人工养殖已成为产业,中国是世界上产量最大的海带生产国，海带产量约占世界海带总产量的70%,而大连海带产量占全国海带总产量的4成左右。

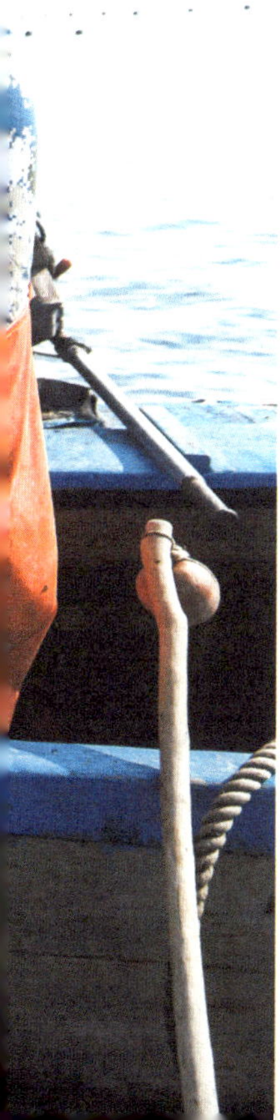

海带是什么颜色的?

海带属于褐藻类植物,在水中是巧克力色的，经高温烫煮后翠绿欲滴，此时可食用也可腌渍保存,再次烹饪时又返回巧克力色。颜色不正常和颜色过于鲜艳的海带购买时要慎重。

海带是如何生长出来的?

海带生长于海边低潮线下约2米深度的岩石上,人工养殖的海带生长在绳索或竹材上。每年春节前,海带厂工人把海带苗夹在绳索上投放到海中,才陆续返乡欢度春节。到第二年的春天劳动节前后开始收割海带,迎接丰收的季节。

海带有何药用价值?

古人认为海带解“瘿疽”,也就是今天的肿瘤,海带入药主要针对瘿瘤、痈疽、便毒、恶疮、久漏不愈者,疗效显著。海带还有抗辐射作用,可促进智力发育,有美发美肤瘦身的功效。

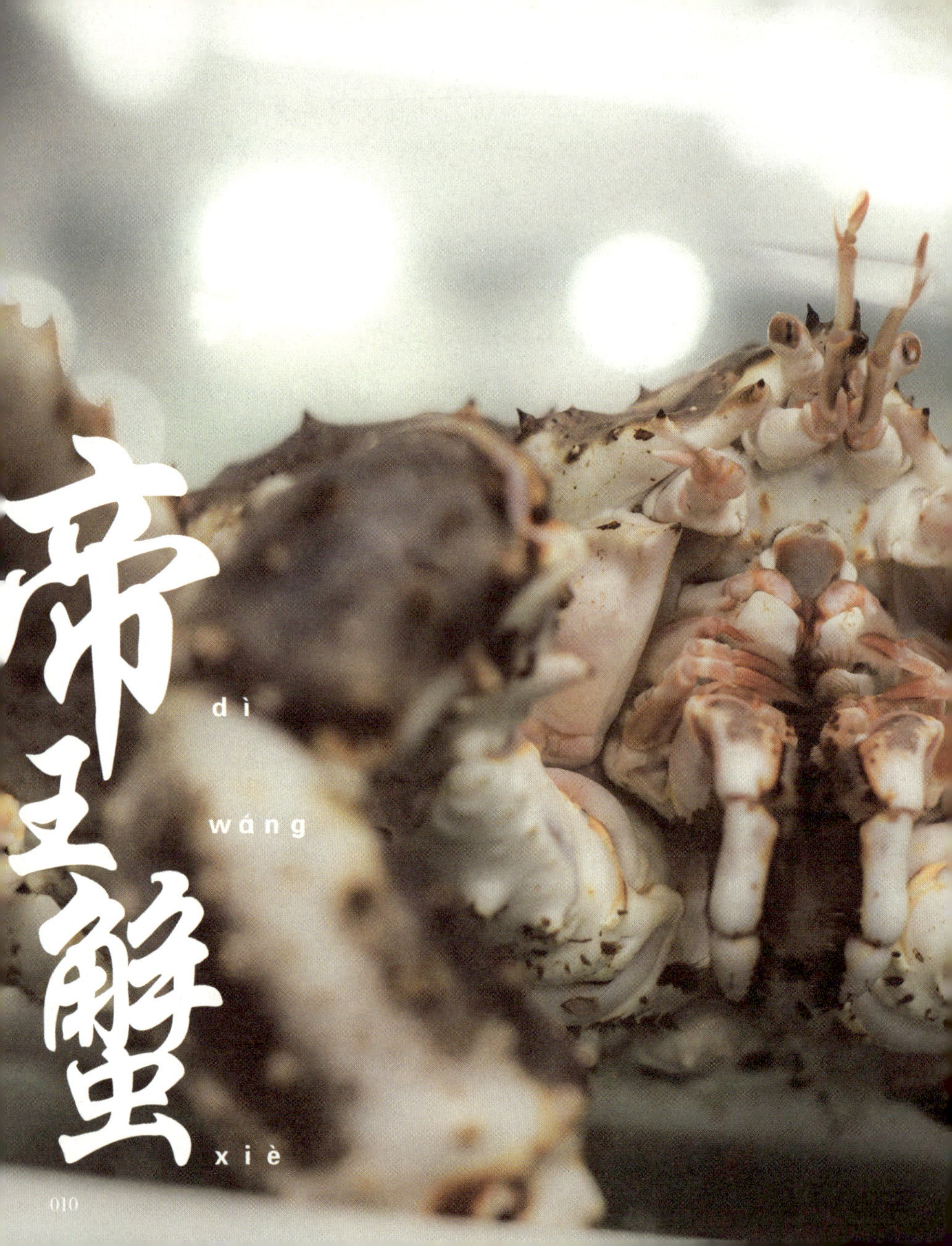
帝王蟹
dì
wáng
xiè

别拿帝王蟹当螃蟹，吃不到母的是何原因？

生活在大连，海鲜在大连人的餐桌上一年四季都是标配。除了那些我们市面上常见的海鲜产品之外，近几年漂洋过海而来的“洋海鲜”也颇受青睐，帝王蟹就是其中之一。大连虽然不产帝王蟹，但大连曾是全国最大的帝王蟹中转站。帝王蟹价格十分昂贵，究竟有何魅力让它成为大家餐桌上的美食？

答疑嘉宾 | 大连善水海产有限公司总经理李万玉

帝王蟹是螃蟹类的吗？

帝王蟹又名石蟹或岩蟹，即石蟹科的甲壳类，不是真正的螃蟹。真正的螃蟹有四对脚加上一对蟹钳子，脚关节的连接处往前曲，而帝王蟹则只有三对脚加上一对蟹钳，它们的脚是向后弯的。真螃蟹是疾行者，帝王蟹则是优哉的散步者。

大连和帝王蟹有什么渊源？

当年大连是全国最大的帝王蟹中转站，进口量占全国的百分之七八十。现在大连仍旧是全国几个重要的帝王蟹中转站之一，并且其帝王蟹储运量仍占全国帝王蟹储运量的约 50%。

市面上有母的帝王蟹吗？

没有。因为捕捞帝王蟹的国家都有相关规定，捞上来的母蟹或者小于 3 斤的帝王蟹都要放回海中。

帝王蟹的繁殖能力很强吗？

研究数据表明，每只帝王蟹有 30 年的寿命，在这一生中它的可孕期为 4 年。帝王蟹的繁殖速度惊人，每年每只母蟹产的卵有近万只成活。卵的孵化比例大概为 16000 / 80000 粒。

帝王蟹有什么营养价值?

由于帝王蟹生活在低温的深海环境，因此也远离了污染，它的寿命可达30年之久。成年帝王蟹体形巨大并且肉质鲜美，营养丰富。它的肉中含有丰富的蛋白质和微量元素，对我们的身体可以起到滋补作用。研究发现，食用蟹肉可以辅助结核病的康复。

帝王蟹售价为何贵?

首先，这是个用生命换来的美味。俄罗斯渔民捕捞帝王蟹，工伤死亡率是普通工人的50倍。在捕蟹季节，俄罗斯渔民不仅要经受时速高达128公里的狂风以及12米高巨浪的拍打，在装满帝王蟹的捕蟹笼被提上船时，还极可能被重达600多斤的钢质捕蟹笼撞击。有关资料显示，白令海峡上平均每7天便会有一名捕捞工人丧生。其次，运输过程要求高，导致成本加大。只能进口的帝王蟹，要经历运输、暂养，甚至再运输的过程，无形中还是会增加许多成本。

久寒必暖，否极泰来。
心不乱，则万事皆安。

雨水

春始属木，然生木者必水也，
故立春后继之雨水。

虾 xiā
怪 guài

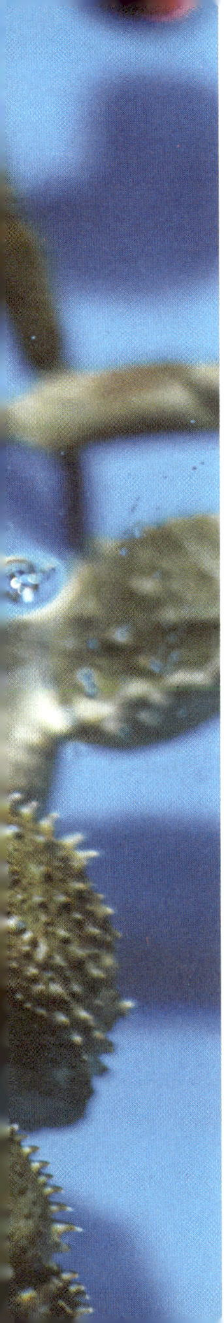

肚子能吃吗？虾怪怪在哪儿？

虾怪是大连海鲜中比较特殊的一个品种，因为它长得太“丑”。体态近似于虾，又长着螃蟹般的钳，更奇怪的是它无论走到哪儿都要拖着房子——海螺壳，所以，人们觉得它怪。

虾怪虽然长得“丑”，但是它的肉质却非常鲜美，所以大连人对虾怪是情有独钟。春季正是虾怪最好吃、最肥美的季节。

可是，饱了口福的大连人对虾怪真的了解吗？

答疑嘉宾 | 大连美食文化协会会长 高成聪

虾怪到底是个啥？

大连市场上常见的虾怪是寄居蟹的一种，也称寄居虾，属寄居蟹科。由于它失去了虾的敏捷游泳能力，又不具备蟹的坚硬甲壳，所以它把螺壳当作天然的保护所了。当它受到惊扰时，很快将身体缩入螺壳里，用螯足堵住螺壳的口。

虾怪肚子能不能吃？

虾怪肚子里是消化腺和生殖腺。只要是新鲜的，吃肚子没有什么问题。虾怪主要靠食海洋微生物为生，如果购买的是死的虾怪，其消化系统里的微生物就会暴露，污染到肚子里的其他部分。在煮制过程中，也很容易发生消化道破裂的情况，这就是虾怪煮熟后肚子会发黑变色的原因。而此时食用，安全性较低。

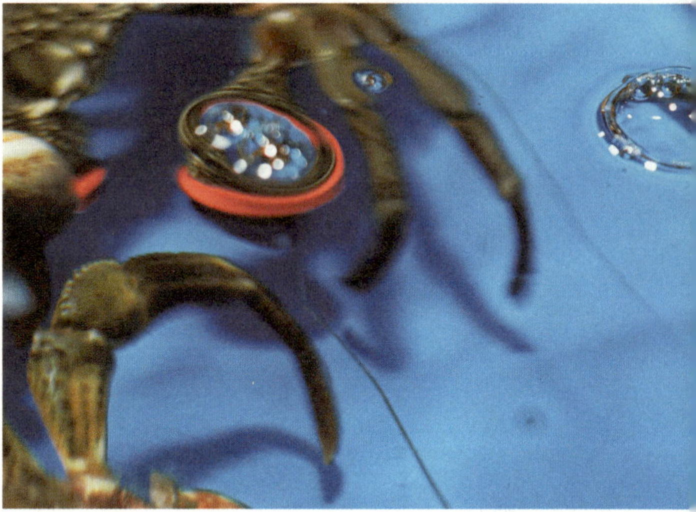

虾怪一出生就有“房子”住吗？

每年 2～4 月份为虾怪的产卵期，卵体产在空壳内。身体长大时，小虾怪离开原来的螺壳，开始寻找并迁入较大的“新居”。

如果虾怪中意某个海螺的“户型”，就向海螺发起进攻，把海螺弄死、撕碎，然后钻进去，用尾巴钩住螺壳的顶端，几条短腿撑住螺壳内壁，长腿伸到壳外爬行，用大螯守住壳口。这样，它就抢占了一个“新家”。

为了住房，虾怪之间也会“强取豪夺”吗？

其实，成年虾怪换“房子”有多种方式，大部分情况是从别的虾怪身上通过武力夺取螺壳。胜利者会把失败者揪出壳外，然后自己移居其中。失败者只好捡胜利者的弃壳暂住，一场战斗就此告终。水产专家认为，像虾怪这样的斗争，既是斗争，也是交易。这种交易是一种典型的动物互利行为。

虾怪在大连有养殖的吗？

大连海域辽阔，但是虾怪的产地却只有獐子岛和海洋岛的周围海域，渔民一般使用网笼诱捕虾怪。目前，虾怪在大连还没有人工养殖。

虾怪有啥可吃的？

虾怪含有很高的蛋白质、微量元素，所以食用虾怪对于血脂、血压比较高的人群有一定的帮助。虾怪富含高胆固醇、高嘌呤，所以痛风患者慎食。

大樱桃

dà yīng tao

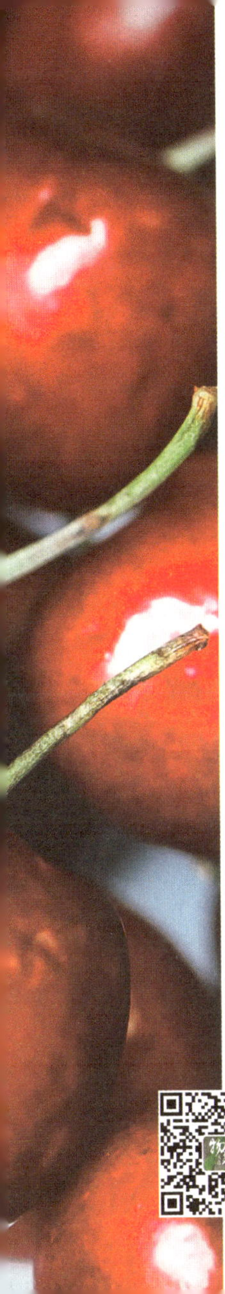

大连大樱桃为何『红』遍全国？大樱桃和车厘子有区别吗？

★扫码尊享视觉盛宴

向日樱桃如小玉，矜红掩素似凝眸。每年二三月份，在瓦房店市得利寺镇樱桃大棚里，一串串红宝石般的大樱桃挂满枝头；得利寺镇大樱桃交易市场里，一些客商和电商等人员正在紧张忙碌着，一批批刚刚采摘的大樱桃经过分拣、装箱，然后运往北京、沈阳等地批发市场，以及全国各地大型商超和电商平台。

答疑嘉宾 | 瓦房店市得利寺镇人民政府镇长杨治刚，大连市现代农业生产发展服务中心（大连市农业科学研究院）果树专家郑玮

大樱桃、车厘子到底有啥区别？

车厘子，是甜樱桃的一种，主产于美国、加拿大、智利等美洲国家。由英语cherries，音译为车厘子。在我国，很早就引进甜樱桃的种植技术，经过数代中国科研人员的努力，国产的甜樱桃口味、质量与国外相当，我们通常叫它大樱桃。其实，这种大樱桃本质上就是车厘子，二者没有区别。

大连大樱桃在全国占据什么地位?

大连独特的地理环境和气候条件，决定了大连大樱桃完美的品质。2019 年，全市大樱桃栽植面积达到 30 万亩，产量达到 19 万吨，分别占全国 11%和 24%，实现产值 85 亿元，并相继进入全国 28 个省区 140 多个大中城市，成功打入港澳地区高端市场。从 2 月设施樱桃陆续上市至 7 月露地樱桃销售结束，大连大樱桃每年都会在全国市场上“霸屏”近半年时间，上市时间全国最早，上市周期全国最长，整体果品质量全国最佳，产值全国最高，堪称全国大樱桃市场上的“王者”。

大连大樱桃多少岁了？

据谷川氏《满洲果树》记载，大连金州地区于 1885 年由华侨引入『那翁』品种甜樱桃，栽植于金州八里庄，已经有 130 多年历史了。

新中国首个樱桃品种圃缘何落户大连?

早在20世纪50年代，大连市农业科学研究院成立了我国第一个甜樱桃育种课题组。以王逢寿为代表的一批科研工作者，在大连建成了新中国第一个樱桃品种圃。其中，“红灯”的育成在我国属首创，填补了国内樱桃品种的空白，达到了国际先进水平。1990年，大连生产的“红灯”樱桃首次进入北京钓鱼台国宾馆、建国饭店和友谊宾馆；1991年，“红灯”樱桃获国家科技进步三等奖。

大樱桃为何被称『百果第一枝』？

大樱桃是每年上市最早的一种乔木果实，号称『百果第一枝』。大樱桃中铁的含量，每百克高达6至8毫克，位于各种水果之首，比苹果、橘子、梨高20至30倍，维生素A的含量比苹果、橘子、葡萄高4至5倍。大樱桃所含的有效抗氧化剂，比维生素E的抗衰老作用更强，其止痛消炎的效果。

上接天时下达人事，蛰伏是个积蓄势能的过程。
顺时而行，顺时而动，有静气，沉得住，能等待，方得始终。

惊蛰

万物出乎震，震为雷，故曰惊蛰。

油桃

yóu táo

不长毛的油桃
真是桃李杂交的吗？

爱吃桃的大连人都知道，瓦房店市复州城镇八里村的“八里油桃”最有名。除了因为八里村是最早栽培油桃的地方，以大连千禧苗木果品专业合作社为代表的果农技术力量，也是“八里油桃”远近闻名的重要人文因素。

如今，以八里村为中心的鲜桃园区可年产各种桃 4.6 万吨，年产值 1.5 亿元。油桃的种植是怎样形成这么大的产业的？

答疑嘉宾 | 大连市现代农业生产发展服务中心（大连市农业科学研究院）研究员、桃课题主持人关海春

毛桃、油桃各自有啥优缺点？

大连地区种植的桃子品种有近百个之多，常见品种也有 20 多个。

毛桃和油桃最主要的区别就是表皮，油桃的表皮是无毛而光滑、颜色比较鲜艳的，而普通的桃子表皮有茸毛，无亮光；还有相比毛桃的汁多绵软，油桃口感偏脆，耐储存。

为什么油桃外表光滑？

在人们的固有印象中，油桃的外表跟李子一样光滑，就误以为它是桃子和李子的杂交品种。其实油桃只是桃子的一个变种，它对土壤、气候的适应性和栽培技术跟其他桃子基本一样。

吃桃子有什么好处？

中医认为桃性温，味甘酸，有生津润肠、活血降压、平喘祛痰、敛肺消积、美容之功效。一个油桃中含有的维生素 C，几乎可以满足成人一天所需。

大连油桃为什么好吃?

大连属于北温带半湿润大陆季风性气候，又具有海洋性气候特点，少雪、光照充足，使大连设施油桃休眠期早，冬季不需要加温，可以在全国最早上市，并且品质优异。大连地区耕种土壤疏松，适宜油桃对土壤透气性及 pH 值的要求，是生产优质油桃的重要保证。

大连油桃规模和产量如何?

在大连，设施油桃 2 月底开始有少量上市，可以持续到 6 月下旬，露地油桃成熟期由 6 月下旬到 10 月中旬。油桃在大连市的种植面积约 1.87 万公顷，年产量约 33 万吨。全市涉农电子商务店铺已超过 800 家，销售网络遍及东三省、广州、深圳、北京等地，并远销俄罗斯和东南亚等国际市场。

第一批油桃是谁引进到大连的?

据《大连市志》记载，百年以前大连各地就有桃的商品化栽培，是我国最早栽培油桃的地区之一。20 世纪 70 年代，我国著名果树育种专家、原大连市农业科学研究院王逢寿被“下放”到复州城八里大队。王逢寿把桃栽培技术和优良品种传播给了果农，带动了当地桃生产的发展。1984 年 1 月末，王逢寿率 5 人考察组应邀赴澳大利亚进行为期 1 个月的考察，并引进了“伊尔 2 号”油桃在八里村栽植。

蚬子

xiǎn zi

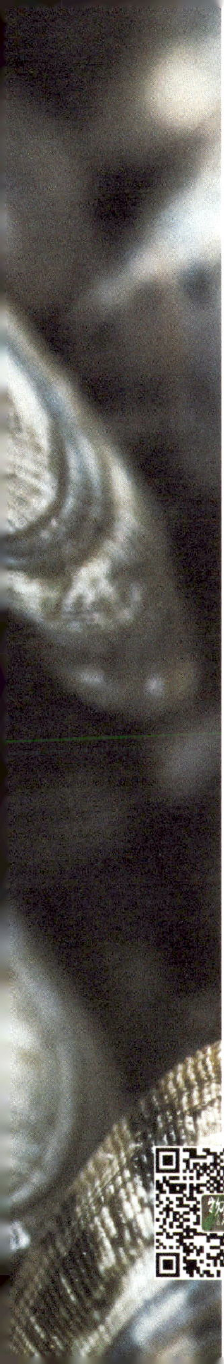

一盘蚬子吃出了多少学问？

蚬子是大连市场上司空见惯的小海鲜。花蚬子、黄蚬子、白蚬子、毛蚬子……这些你都认得全分得清吗?

答疑嘉宾 | 大连玉洋集团股份有限公司海洋技术研发中心主任李磊

★扫码尊享视觉盛宴

蚬子和蛤到底是啥关系?

其实，蚬子都是蛤类。就像咱们熟知的花蚬子，它的学名叫菲律宾蛤仔；黄蚬子的学名叫中国蛤蜊；毛蚬子的学名叫毛蚶；白蚬子的学名为四角蛤蜊……

大连蛤类主产地在哪里？

大连地区的蛤类有紫石房蛤、文蛤、镜蛤等12种。庄河是蛤的主产地，主要产菲律宾蛤仔、文蛤、镜蛤、青蛤。

什么蛤是其他地区不常见的大连特产？

蛤叉是庄河特产，学名为薄片镜蛤，贝壳中等大，壳近圆形，壳质较薄扁，壳高与壳长相等，壳面白色或肉灰色。蛤叉的蛋白质含量接近猪肉等肉类，在15%上下，但脂肪含量只有1%多一点，因此它也是高蛋白低脂肪的食品。而且蛤叉中的矿物质含量丰富，其钙含量比牛奶高出一筹；铁含量高达194.25毫克／千克，这个数值高于鸡肝等动物肝脏的铁含量。蛤叉的氨基酸含量相当丰富，保证了蛤叉味道的鲜美。另外蛤叉的提取物具有清热利湿、化痰散结、治湿疹的作用。

蛤的营养价值如何？

蛤类是一种高蛋白低脂肪的优质水产品，富含谷氨酸、天冬氨酸。谷氨酸和天冬氨酸是呈现鲜味的氨基酸，所以蛤类味道鲜美。蛤类赖氨酸含量高于鸡蛋水平，可以弥补谷类食物的不足。此外蛤类含有人体所需的多种氨基酸，各种氨基酸比例接近联合国粮农组织规定的人体必需氨基酸均衡模式标准。

蛤有什么药用价值？

中医认为，蛤肉有滋阴明目、强壮滋补的功效。利用现代生物技术从菲律宾蛤仔中提取的氨基多糖等物质，研究发现具有抗肿瘤、抗氧化、降血脂、增强免疫力及抗动脉粥样硬化等作用。

蛤有公母吗？

菲律宾蛤仔就是雌雄异体。不同种类的蛤雌雄个体间性腺差异较大，仅从蛤的外观难以辨别，只有当蛤类在性腺发育到一定阶段、具有明显区别时，才能从性腺颜色上区分蛤仔的雌雄。

春分雨脚落声微，柳岸斜风带客归。
时令北方偏向晚，可知早有绿腰肥。

春分

分者，黄赤相交之点，太阳行至此，乃昼夜平分。

蓝莓

lán méi

吃它真的可以抗癌？蓝莓都是蓝色的吗？

每年春天，大连市场上草莓的热度不减，同时地产蓝莓也开始升温，这种水果越发受到人们的喜爱。这种新的需求，被大连各方敏锐地捕捉到，大连也因此成了全国蓝莓市场的重要产地之一。2000 年左右，庄河市开始蓝莓商业化种植，2007 年，蓝莓种植迅速成长为庄河的特色产业之一。那么，这种小小的蓝色果实到底有什么魅力？

答疑嘉宾 | 辽宁省农业科学院大连分院院长、研究员魏永祥

蓝莓和草莓是“近亲”吗？

虽然名字里都有“莓”，但蓝莓跟草莓没有半点瓜葛。实际上，蓝莓跟美丽的杜鹃花是同出一门的表兄弟。蓝莓并不是外来物种，野生蓝莓在我国黑龙江、内蒙古、吉林等地有着广泛的分布。据考证，约在 1000 年前，我国就已经有食用野生蓝莓的记录。《本草纲目》中记载苍山越橘具有“顺气、消饱胀、益肾固精、强筋明目”的功效。苍山越橘实际上就是野生蓝莓的一种。

进口蓝莓比国产蓝莓更好？

虽然人工栽培蓝莓技术是从国外引进的，但这不意味进口蓝莓就要比国产蓝莓更好。实际上，国产蓝莓和进口蓝莓在营养成分上并没有区别。反而，由于进口蓝莓需要长途运输，当地农民在蓝莓八分熟的时候就要采摘出口，其口感反而不如新鲜的国产蓝莓。

白霜越多的蓝莓品质越好？

蓝莓表皮上的白霜其实是一层白色的果粉，是蓝莓在生长过程中，自身为了适应环境的变化而形成的一层保护膜。目前并没有准确的科学数据验证果粉中含有营养成分。不过，一般在蓝莓表面有白霜的，水分会更足，果实更饱满，口感相对会更好一些。

蓝莓果实只有蓝色这一种颜色吗？

虽然都叫蓝莓，但并不是所有的蓝莓果实都是蓝色的，极少数的品种也有红色的。比如红豆越橘这个品种，果实的颜色就是红色的。

每年什么时候能吃到地产的应季蓝莓?

每年的3月下旬到5月中旬,大连地区采用温室种植的蓝莓集中上市。7月初到8月中旬,陆地栽培的蓝莓开始陆续上市。所以,在这两个时间段,大连市民可以吃到最新鲜的地产蓝莓。

蓝莓可抗癌?

蓝莓中的花青素是一种具有强大的抗氧化能力的黄酮类化合物,可减少自由基的生成以及防止细胞损伤,对预防癌症、心脏病、糖尿病以及阿尔茨海默病等有一定的作用。所以,蓝莓被称为果蔬中的“第一号抗氧化剂”。

河豚

hé tún

大连河豚有多牛？河豚有多毒？

说起河豚，人们常常想起的一句话就是“拼死吃河豚”。一句话，既道出了它的美味，又提醒了人们它身怀剧毒。

但很多大连市民可能不知道，咱们大连不仅出产河豚，而且它还是代表大连海产特色的地理标志产品。

那么，这个曾让无数“老饕”冒着中毒风险也要一尝的人间珍馐到底有什么魅力？

答疑嘉宾 | 大连富谷食品有限公司河豚养殖专业人士李荣

? 河豚到底是河鱼还是海鱼？

河豚的名字里虽然有“河”字，但大部分是海鱼。

在我国，从辽宁至广东沿海共生活着30多种河豚。不过也有河豚在江河中产卵，幼鱼在淡水中生活，翌年春才回到海里。

河豚毒素到底有多毒？

河豚毒素是自然界中发现的毒性最大的神经毒素之一，其毒性比氰化物还要高1250多倍，0.5毫克即可置人于死命。对于中河豚毒目前尚无特效解毒剂，发现中毒后应立即将病人送医。

河豚毒素有药用价值吗？

河豚毒素有很大的药用价值。医学上，河豚毒素有镇静、局麻等功效，能降血压、抗心律失常、缓解痉挛。有资料显示，在国际市场上1克河豚毒素价值17万美元。

河豚的毒素从哪儿来？

目前，主流的说法认为河豚自身是不产生毒素的，它们只是毒素的『搬运工』和『收集站』。野生河豚和未经加工的河豚鲜鱼是绝对不允许在市场上销售的。

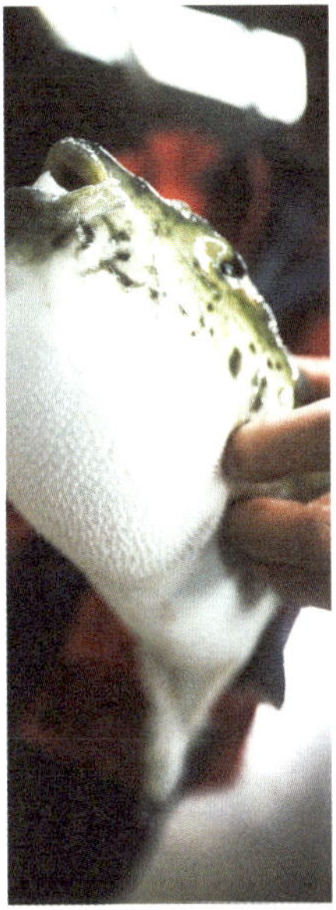

河豚有哪些营养价值？

据测定，每百克河豚肉中，蛋白质含量高达 18.7 克，而脂肪含量仅为 0.6 克。此外，它的可食部位还含有丰富的维生素（B_1、B_{12}）以及硒、锌等多种微量元素，同时含有丰富的氨基酸和不饱和脂肪酸，其谷氨酸含量为鱼类之最。

大连河豚有多牛？

东北地区目前只有大连的两家企业可以合法养殖加工河豚。

早在 20 多年前，大连就有企业开始养殖河豚。不过，由于当时国内没有开放河豚市场，大连出产的河豚全部销往海外市场。

2016 年，农业部、国家食品药品监督管理总局首批审批通过了国内 12 家企业为河豚鱼源基地，同时核准其中 4 家企业具备河豚制品加工资质。而同时允许养殖和加工的这 4 家企业中，有 2 家是大连的企业。目前，大连河豚主要供给高端餐饮行业，占据全国 50%的红鳍东方豚市场。大连市已经成为国内红鳍东方豚最大规模养殖地区。

感念天地，祈福万物。
清思，明心。

清明

万物生长此时，皆清洁而明净，故谓之清明。

面条鱼

miàn tiáo yú

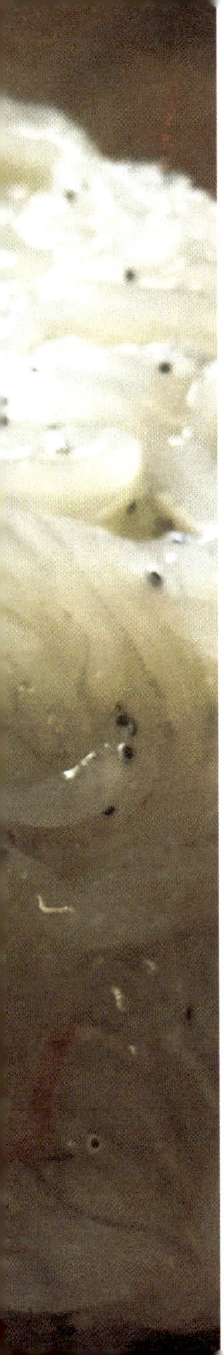

大连的面条鱼有啥与众不同？幼时是美食，长大是饲料，

大海中有一种“面条”，只有四五月才能吃到；它的市场价便宜得很，六七块钱一斤，几大桶不需要多少时间就都销售一空了。

好这一口鲜的大连人，买回家后打上几个鸡蛋，搅一搅，煎一煎，要么就这样吃了，要么做汤，或下点面条，快意得很……虽然面条鱼很常见、很接地气，但您知道它究竟是什么品种的鱼吗？

答疑嘉宾 | 大连市现代农业生产发展服务中心、大连市水产研究所副所长刘彤

到底有几种鱼叫面条鱼？

全国很多地方都有面条鱼，却指代多种不同品种的鱼。在丹东，一种沿鸭绿江与黄海间洄游繁殖的鱼类，无骨无皮，体细长形如面条，被当地人称为“面条鱼”。实际上它应该是银鱼，体长 10 到 15 厘米，生活在淡水及大河入海口处海域。在青岛，玉筋鱼被称为“面条鱼”，当地人也叫“银针鱼”。玉筋鱼属鲈形目玉筋鱼科，成鱼体长 10 厘米，为纯海鱼。

为啥面条鱼幼时是美食，长大后当饲料？

虽然云鲥幼体味道鲜美，可直接食用，但成年的云鲥就差了很多，常常被用来当饲料。云鲥幼体身体无色透明，每年4月份大海中多见，体长两三厘米。过了4月份，云鲥长到4厘米，鱼体侧出现黑色素，俗称『萝卜丝』。到了秋冬季，云鲥成体转为淡黄褐色，有深色花纹，人们又称它『高粱叶子』。

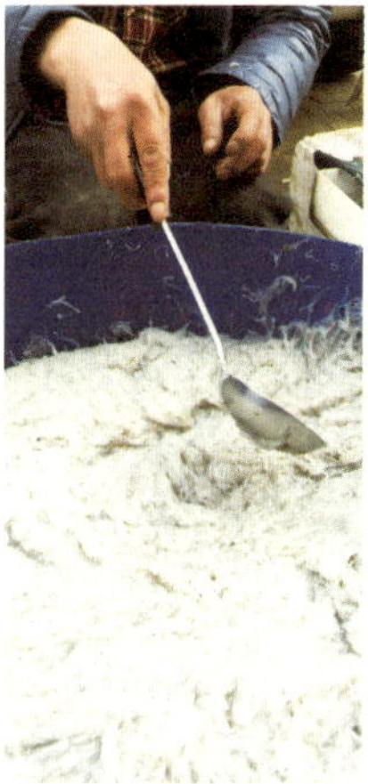

吃面条鱼需要去除内脏吗？

面条鱼的一大特质在于它是一种整体性食物，不用去除头尾及内脏，没有任何的废料，别的鱼类利用率高的也只能吃到80%～90%，但面条鱼无论怎么做，其利用程度都比其他鱼类高很多。

外地的"面条鱼"和大连的一样吗?

上述两种"面条鱼"在大连也有,但不常见。大连人口中的面条鱼则是另外一种名叫云鳚(wèi)的幼体。"鳚"字辈鱼类属鲈形目,除了云鳚,大连常见的还有繸鳚和绵鳚。繸鳚是大名鼎鼎的"小姐鱼",一般最长不超过35厘米;绵鳚是大家经常食用的鲇鱼,一般最长不超过40厘米。

面条鱼有什么医用价值?

被誉为"鱼参"的面条鱼,在日本更被认为是长寿佳品。除了在医书中提到的利水、润肺、止咳、补肺清金、滋阴、补虚劳等作用外,面条鱼还有抗癌、催乳、健胃等功效。

一斤面条鱼都能顶上十个鸡蛋?

老大连人有这么个说法,"一斤面条鱼都能顶上十个鸡蛋",就是在说它营养丰富。面条鱼含约17%的优质蛋白质,对老人、儿童来说吸收率高;含有5%以上的脂肪,与其他鱼类大致相同,其不饱和脂肪酸含量高,对人体有许多益处。

海
hǎi
肠
cháng

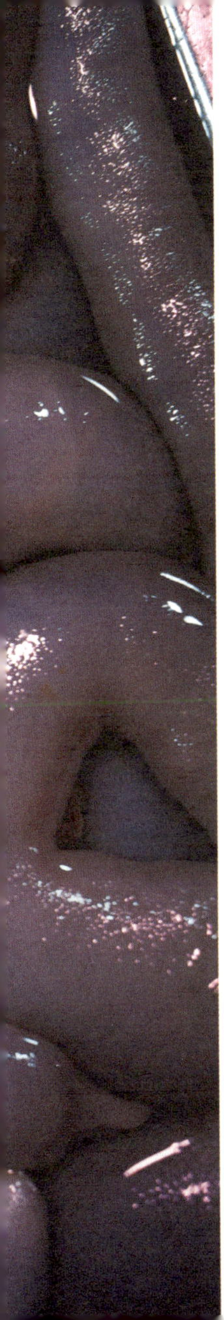

为何被称『裸体海参』？海肠和蚯蚓是近亲？

在大连，有一种海鲜，很多外地人如果看到新鲜的，第一反应常常是眉头紧皱、满脸嫌弃地问一句“这个能吃吗？”但要是和韭菜一起包成饺子，其鲜美的味道和独特的口感，却受到他们的喜欢。这种海鲜就是海肠。

不过，提起海肠，大连人虽然很熟悉，但如果细问下来，“海肠到底是一种什么动物？它生活在哪里？”一圈问下来，大部分人都是一脸的茫然。

答疑嘉宾 | 大连海洋大学水产与生命学院教授杨大佐

海肠到底是个什么动物？

海肠学名单环刺螠，在分类地位上，其与环节动物蚯蚓、沙蚕等具有较近的进化关系。因为形似光滑的海参，所以也被叫做“裸体海参”。海肠是一种典型的冷水性海洋生物，大多穴居在潮间带和潮下带的泥沙或沙泥底质中。春季和秋季是海肠采捕的最佳季节。

海肠仅仅长得像海参？

海肠不光长得像海参，生活习性与海参相似，其营养价值比起海参也不逊色。海肠具有温补肝肾、壮阳固精的作用，在韩国被誉为男性保健、女性美容的佳品。营养学研究也表明，其是一种非常典型的高蛋白低脂肪的优质海洋食品，特别是其体内不饱和脂肪酸等含量非常高，对抗氧化、预防衰老等具有明显的保健功能。正是因为上述原因，海肠又有“海底冬虫夏草”的美誉。

海肠的内脏能吃吗？

海肠的身体结构较为简单，最外面的肉红色、长筒状的是体壁，体壁里面包含的是内脏和体液。这些内脏主要为肠管、肾管，没什么营养价值，未见有人食用内脏的报道。而体液内包含大量的血红细胞，当解剖海肠时，鲜红色的体液会大量流出，像流血一样。

海肠被鱼虾咬坏后可以再生？

海肠具有较强的再生能力，当其部分身体出现被鱼虾咬掉的现象时，它会通过体壁再生，将缺失部分长出来。新长出来的体壁颜色较浅。海肠也是一种典型的生物饵料，是捕食性鱼虾的优质活体饵料。

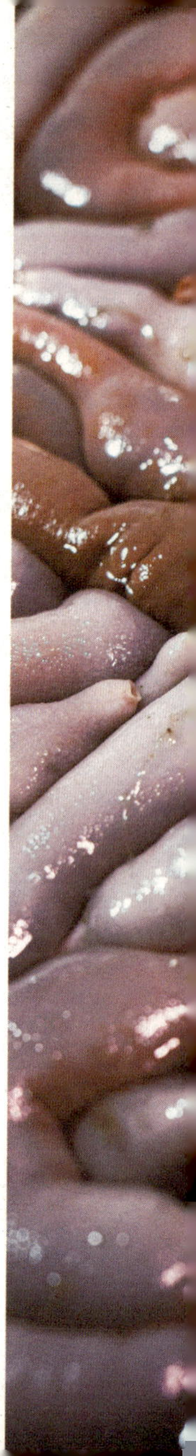

海肠可以做天然味精？

海肠体内含有大量的呈味氨基酸，因此，味道非常鲜美，在沿海地区渔民常将其晒干磨碎后，当作天然味精来食用。

大连哪些地区产海肠？

在大连地区，海肠从受精卵到长成商品规格，约需要一年半以上。由于海肠对温度的耐受范围较窄，金州、开发区、瓦房店、长兴岛等地，是大连海肠的主要产地。

做三四月的事，在八九月自有答案。
一切无心插柳，其实都是水到渠成。

谷雨

谷雨，谷得雨而生也。

洋梨

yáng lí

『水果女皇』何时嫁到了旅顺？

长得像个葫芦，外披一身绿衣，里面白嫩多汁，入口细腻酸甜。这就是大连人最喜欢的水果之一——洋梨。

素有“水果之乡”美誉的旅顺口区，不仅盛产颇受人们喜爱的苹果、桃子和樱桃，还有被人们誉为“水果女皇”的旅顺洋梨。

既然叫洋梨，它是不是原产地并非中国？那它是如何来到旅顺，又在旅顺成长了多少年？洋梨都有哪些营养成分？如今的旅顺洋梨又有着怎样的称号？

答疑嘉宾 | 旅顺农业发展服务中心植物保护站高级农艺师宗绪和

洋梨是旅顺本土的水果品种吗？

洋梨学名巴梨，也称香蕉梨、西洋梨、秋洋梨。洋梨原产地英国，在我国南北各省都有分布，主要分布在山东胶东半岛、大连旅顺等地区。

旅顺洋梨的营养价值?

旅顺栽培的洋梨果肉乳白，肉质柔软细腻，易溶于口，石细胞极少，多汁，味浓香甜，品质极佳，是梨中精品，被誉为“水果女皇”。洋梨含有丰富的 B 族维生素、配糖体及鞣酸等成分，同时含有较高的果胶。洋梨味甘微酸、性凉，入肺、胃经，具有生津、润燥、清热、化痰、解酒的作用。洋梨性寒凉，一次不要吃得过多，脾胃虚弱的人不宜吃生梨，吃梨时喝热水、食油腻食品会导致腹泻；慢性肠炎、胃寒病、糖尿病患者忌食生梨。

旅顺洋梨又有着怎样的称号？

旅顺洋梨是辽宁省大连市旅顺口区的特产，曾获“中华名果”称号，并被国家评为“无公害农产品认证产品”。旅顺洋梨是农产品地理标志保护产品，在全国优质农产品的评选中屡屡获得金奖，现已发展成为当地农村经济中传统的优势支柱产业。目前，旅顺洋梨深受广大消费者喜爱。除本地销售外，大量销往香港、广州、上海、北京、长春、哈尔滨等地。

旅顺洋梨的生长周期？

旅顺口区是洋梨适宜栽培的区域，生产的洋梨果大、果面光洁、含糖量高、品质佳。截至 2020 年，旅顺洋梨栽培面积 0.3 万余亩，年产量 0.3 万吨。结果树 4 月中下旬开花，7 月下旬到 8 月下旬果实进入成熟期。伏巴梨 7 月至 8 月中旬成熟，秋巴梨 8 月中旬至 8 月下旬成熟。7 月中旬一直到 10 月份，大连市场多可以买到旅顺洋梨。

洋梨何时引入旅顺？

1871 年自美国引进到山东烟台，1905 年引进到旅顺。引进旅顺后，只有农户庭院零星栽种，之后逐渐扩大，20 世纪 60 年代已有规模种植园，进入 80 至 90 年代，洋梨在旅顺地区进入大规模栽植期。

鲍 bào 鱼 yú

你在大连市场上买的，真的是大连鲍鱼吗？

鲍鱼自古就是“海味八珍”之一，被誉为海洋“软黄金”。大连鲍鱼是最具大连自然元素、人文元素的海洋珍品、地方特产和城市名片，大连皱纹盘鲍资源已经占全国70%以上。皱纹盘鲍是在我国已开发的鲍中个体最大、品质最好、价值最高、自然产量最大的主要种类，有“海味之冠”的美誉。长海贝丘遗址考古发现证明，早在距今约6000年前，生活在大连地区的人们就开始采集皱纹盘鲍。鲍鱼在海里不会游，咋能称之为鱼呢？男参女鲍到底有没有科学依据？让大连人纠结的“鲍鱼肚”到底能不能吃？

答疑嘉宾 | 大连壮元海生态苗业股份有限公司副总经理刘岩松，大连工业大学食品学院教授农绍庄，辽宁省非物质文化遗产“德记中医药文化”第五代传承人康长春

鲍鱼不会游，为啥称为鱼呢？

鲍鱼，虽叫鱼，但实际上不是鱼类，而是贝类。鲍鱼古称“鳆鱼”。因为在明清时期，“鳆”与“鲍”是同音字，所以逐渐演变成“鲍鱼”。

“鲍鱼肚”到底能不能吃？

大连老百姓所说的“鲍鱼肚”其实是鲍鱼的内脏。鲍鱼内脏味道独特，富含蛋白质、牛磺酸、多种微量元素和维生素，不仅能补充人体所需的营养，还能增强机体的免疫力。鲍鱼的内脏同时会对误食的有毒海藻、吸入体内的重金属超标的海水进行代谢。但是，这些有毒物质不易被彻底代谢掉。所以，还是建议大家不要食用鲍鱼内脏。

大连素有“男参女鲍”的说法，有无科学依据？

大连民间确有“男参女鲍”的说法，但并没有充分的科学根据。从根本上讲，“男参女鲍”是中医思想的体现。但从实际的效果来看，男用女用，其实并没有多大区别。

大连人原来不吃鲍鱼，只要鲍鱼壳，是这样吗？

是的。鲍鱼壳还叫做石决明，是一种比较珍贵的药材，有清热平肝、滋阴壮阳的作用。比如对治疗高血压就有一定的作用。

哪些人适合吃鲍鱼？

鲍鱼能双向性调节血压，原因是鲍鱼能养阴、平肝、固肾，可调整肾上腺素分泌。

鲍鱼适合很多人群，比如说高血压人群，月经不调、体质虚弱、肾虚的人群都可以吃。

尿酸偏高和痛风患者不宜吃鲍鱼，有癣疾症状的人不能吃，发烧、喉咙痛的人不宜吃，年幼的小宝宝不适宜吃。

市场上买的都是大连鲍鱼吗？

南方鲍鱼很难长成大鲍，市场上三四个头一斤的鲍鱼，70%以上都是大连产的。南方鲍鱼最大只能长到一斤七八个头。南方养殖的鲍鱼壳上面一般有牡蛎，或者比较光滑。

大连鲍鱼的壳多为褐红或褐绿色，壳色略杂，有白斑，上面有石灰虫、藻类、盘管虫等附着生物，几乎没有牡蛎。由于稀缺和品质突出，大连野生和底播鲍鱼以企业直营店、大型会议特供、五星级酒店、出口等高端消费为主，很少会进入农贸市场等大众化消费渠道。

夏
此时，一半是大连，一半是海水。

SUMMER

海棠过雨红初淡，杨柳无风睡正酣。
杏烧红，桃剪锦，草揉蓝。

立夏

斗指东南，维为立夏，万物至此皆长大，故名立夏也。

海鲋

hǎi fù

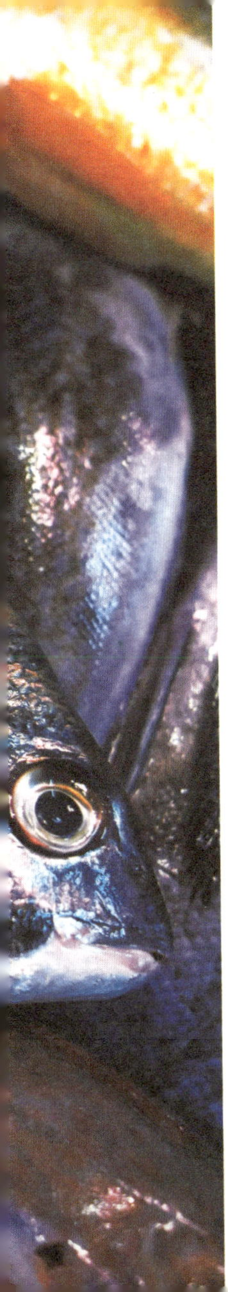

丈夫死了，妻子如何变身？海鲋的传宗接代好神奇，

海鲋是大连人餐桌上常见的鱼类。可是，很少人能叫出它的学名，而它在长大后居然还有另外一个名字，更是鲜有人知。但是，钓友们说起海鲋却是如数家珍。因为，海鲋就生活在礁石附近，所以渔船很少能捕获它。市场上售卖的海鲋基本上都是钓友们钓上来的。

答疑嘉宾 | 大连市钓鱼协会副秘书长、中国海钓大师黄盛国

? 海鲋的学名叫什么？

海鲋属于鲷科，学名黑鲷。它的背鳍十分坚硬，被钓友称为“钢筋铁骨”。稍有不慎，就会被伤到。海鲋是杂食性鱼类，极贪食，主食软体动物贝类、多毛类、小鱼和虾类、蟹类及海藻等，并能用尾部挖掘海底的贝类及环形动物。

加吉鱼为何是刺身首选？

海鲋在日本是生鱼片的首选。被做成刺身的，其实不是小海鲋，而是成年后的加吉鱼。加吉鱼之所以能成为日料中最受欢迎的刺身，就是因为它的营养价值极高。加吉鱼可以帮助人体调节新陈代谢，让人的整个形体和精神都保持在年轻、有活力的状态。而且它还具有健脾胃、补肾益肝、润肠通便的作用，同时还能调经、通血、养阴、补虚、养颜护肤。

海鲋是大连的特有鱼类吗?

海鲋,分布于渤海、黄海、东海和南海,拥有很强的适应能力。每年 5 月海鲋来渤海产卵,这时候是大连矶钓海鲋的好时节。等到 10 月,当年的小海鲋会孵化出来,秋天的小海鲋数量较多,更好钓些。

海鲋和加吉鱼有何区别?

海鲋有两个名字。小的时候被称为海鲋,长成之后过斤的都被钓友们亲切地称为“骡子”,而此时它的另一个名字就现身了,叫加吉鱼。

海鲋实行什么样的婚姻制度?

鲷鱼实行“一夫多妻制”,一般以一二十条组成一个大家庭,由一条雄鱼当家做主,其余的都是它的妻子。

如果一条雄鱼死了,妻子们悲伤地在它的周围游动着。游着游着,其中一条体魄健壮的妻子由雌性变成了雄性,带领众妻子开始了新的生活。

海鲋有人工养殖的吗?

现在大连周边海域有很多做海鲋人工养殖的。他们做海鲋人工养殖主要不是为了售卖而是为了放钓,而钓海鲋需要很好的矶钓技术。

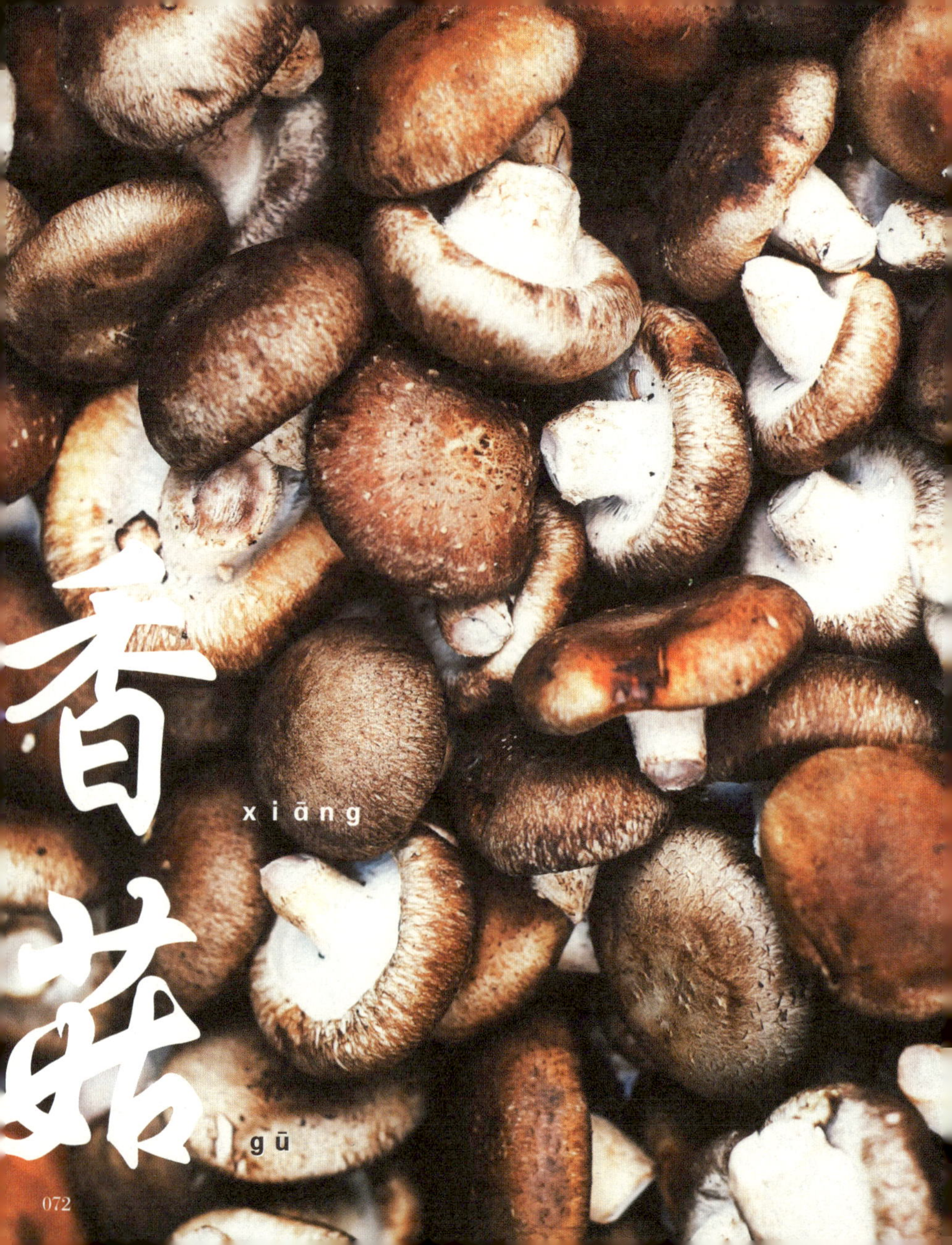

香菇

xiāng gū

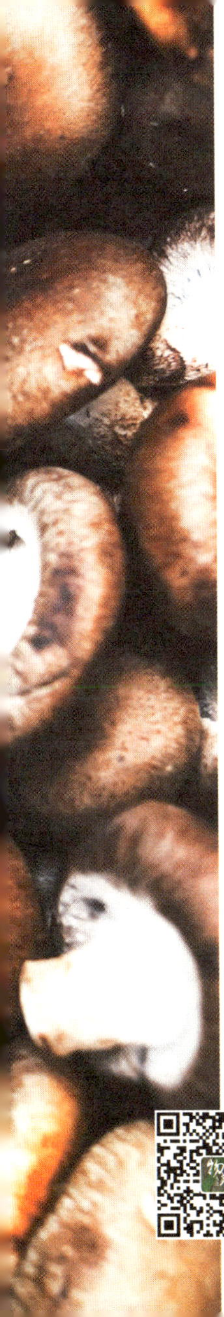

痛风病人为何不能吃？香菇咋还分白面黑面？

早在20世纪80年代末，就曾有一些南方人悄悄来到大连，在庄河的北部山区种起了香菇。由于人数少，规模小，再加上当时滑子蘑在庄河盛行，香菇种植并没有引起多数人的注意。2003年开始，随着香菇栽培技术的革新和香菇市场的扩大，香菇种植陆续在庄河、瓦房店和普兰店展开。如今，大连的香菇在国内市场占有一席之地，甚至在海外市场也闯出了名堂。那么关于香菇，这种并不罕见的食材，大家到底了解多少？

答疑嘉宾 | 大连弘大菌业有限公司总经理刘永奎，庄河农业发展服务中心食用菌办公室主任孙广财

★扫码尊享视觉盛宴

香菇起源哪里？

香菇，是一种食药同源的食物。根据资料记载，香菇起源于我国，是世界第二大食用菇，也是我国久负盛名的珍贵食用菌。我国最早栽培香菇，至今已有800多年历史。

大连香菇的栽培历史有多久?

1987 年,庄河就有零散的农户种植香菇。夏菇耐冷不耐热。近几年,南方夏季气温逐渐升高,夏菇很难生长。于是,北方的夏菇逐渐占据这一时段的香菇市场,大连地区种植香菇的农户也越来越多。目前,庄河、普兰店、瓦房店都有种植,而庄河的吴炉、塔岭、荷花山和栗子房种植的更多。大连的香菇经过分拣评级,一部分被本地市场消化,一部分销往北京、上海、广州、深圳。一些品质好的一等菇,还会出口到韩国和新西兰。

痛风病人不能吃香菇?

香菇被誉为"菇中皇后",在民间素有"山珍"之称,是不可多得的理想的保健食品。但并不是所有人都能吃香菇,尤其是痛风患者,因为香菇的嘌呤含量远远超过其所能承受的范围。

香菇、冬菇和花菇有什么区别?

冬菇和花菇,其实都是香菇。冬菇,顾名思义就是冬天出菇。而在夏天出菇的就是夏菇。大连地区大部分产的都是夏菇。

所谓花菇,就是香菇在特殊环境下产生的一种优等菇。香菇在生产过程中通过控制温度、湿度、光照和通风等自然条件,人为改变香菇的正常生长发育,使菌盖形成褐白相间的花纹,因而形成花菇。

夏菇、冬菇、花菇,哪一种品质更好?

一般来说,花菇品质更好。不过冬菇和夏菇的好坏,并不是按照出菇时间来评价。花菇可以算是一等菇。二等菇,我们叫白面,就是香菇伞面的颜色相对较浅。而伞面颜色偏黑偏深的,我们叫黑面,算是三等菇。花菇、白面和黑面中,也会根据香菇大小分成不同的档次。

长空皓月、绿柳拂风、麦子拔节、落红成阵。
盈而未满，欲语还休。
淡定从容的知足，气象万千的留白。

小满

四月中，小满者，物致于此小得盈满。

奇异莓

qí yì méi

奇异莓缘何奇异？枣？桃？猕猴桃？

除了草莓、蓝莓，近几年，在庄河和普兰店等地，还有一种叫“莓”的水果，这就是奇异莓，也叫软枣猕猴桃。相比草莓、蓝莓，作为近些年在大连地区才开始人工栽培的水果，认识软枣猕猴桃的市民并不多，光听名字就让人迷糊，这软枣猕猴桃到底是枣是桃还是猕猴桃？它的口感如何？又有什么营养价值？

答疑嘉宾 | 大连乾豪铭坤农业发展有限公司软枣猕猴桃种植专家杨玉春

软枣猕猴桃到底是枣是桃还是猕猴桃？

软枣猕猴桃不是枣也不是桃，它是猕猴桃科猕猴桃属大型落叶藤本植物，它是猕猴桃的一种，属于自然极度分化的猕猴桃。

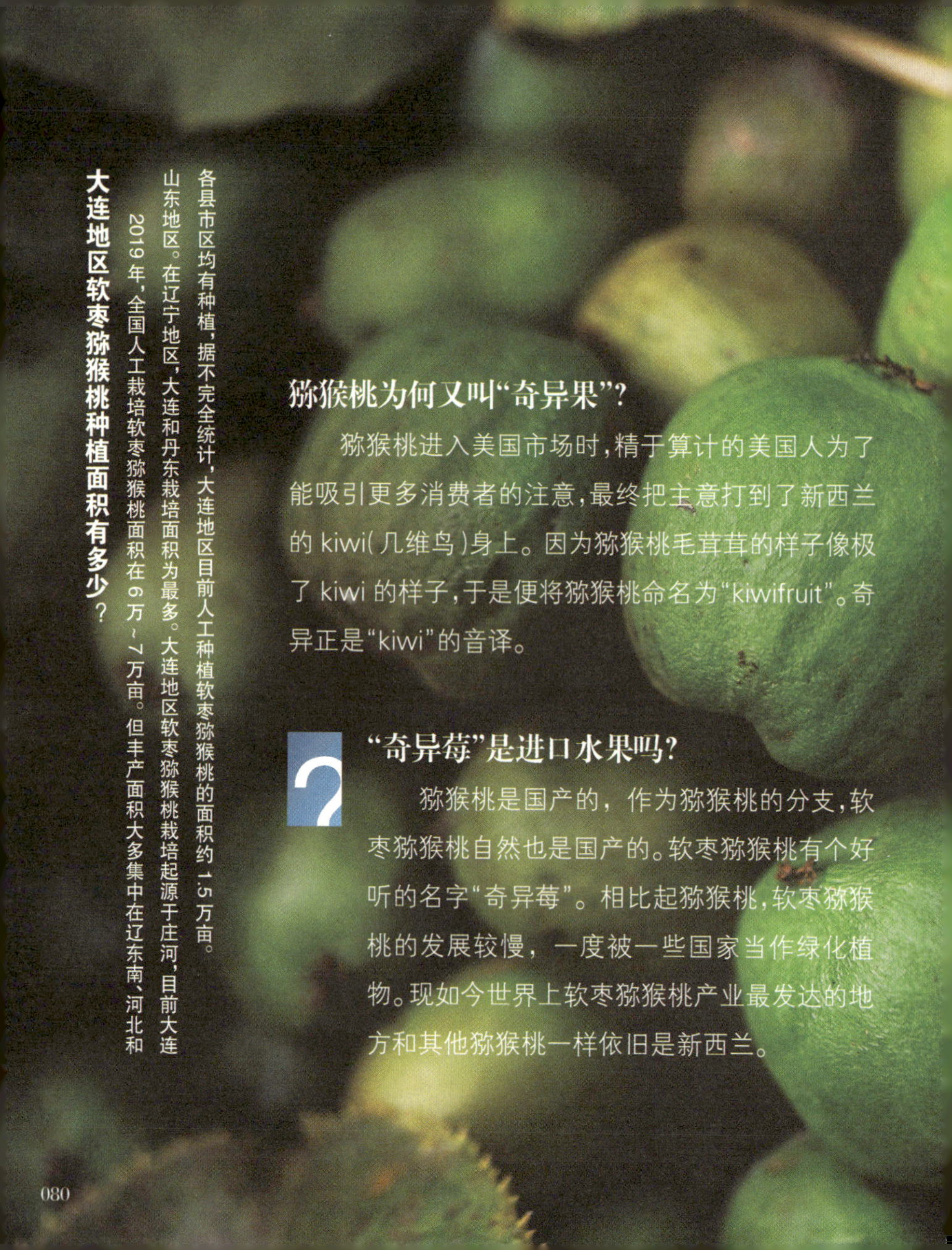

大连地区软枣猕猴桃种植面积有多少？

2019年，全国人工栽培软枣猕猴桃面积在6万~7万亩。但丰产面积大多集中在辽东南、河北和山东地区。在辽宁地区，大连和丹东栽培面积为最多。大连地区软枣猕猴桃栽培起源于庄河，目前大连各县市区均有种植，据不完全统计，大连地区目前人工种植软枣猕猴桃的面积约1.5万亩。

猕猴桃为何又叫“奇异果”？

猕猴桃进入美国市场时，精于算计的美国人为了能吸引更多消费者的注意，最终把主意打到了新西兰的kiwi（几维鸟）身上。因为猕猴桃毛茸茸的样子像极了kiwi的样子，于是便将猕猴桃命名为“kiwifruit”。奇异正是“kiwi”的音译。

“奇异莓”是进口水果吗？

猕猴桃是国产的，作为猕猴桃的分支，软枣猕猴桃自然也是国产的。软枣猕猴桃有个好听的名字“奇异莓”。相比起猕猴桃，软枣猕猴桃的发展较慢，一度被一些国家当作绿化植物。现如今世界上软枣猕猴桃产业最发达的地方和其他猕猴桃一样依旧是新西兰。

软枣猕猴桃是长在树上的吗?

作为藤本植物,软枣猕猴桃和其他猕猴桃一样,都长在藤上。软枣猕猴桃果实较小,一簇簇攀爬在藤架上时,更像是葡萄。

软枣猕猴桃与其他猕猴桃有什么区别?

作为极度分化的猕猴桃,软枣猕猴桃与其他猕猴桃在外表上已经出现了极大的区别。软枣猕猴桃的个头要小得多,平均只有两到三厘米大小,形如枣子,所以很多人叫软枣猕猴桃为“软枣子”。相较于其他猕猴桃,在口感上软枣猕猴桃的甜度更高。同时,由于软枣猕猴桃不用剥皮,表皮也可以食用,可食率也就更高。同时,迷你小巧的果型,除了更容易入口以外,也有利于加工成果脯、蜜饯和罐头。

红里子

hóng lǐ zi

吃『红里子』讲究真不少，吃了『拿脑子』是错在哪儿？

餐桌上各色的海鲜美食，什么才是你的最爱？是新鲜的鱼类，还是肥美的蟹类？或者是鲜美的贝类、螺类？在大连，“红里子”也是餐桌上常见的海鲜，大连人口中的“红里子”是个啥？它有什么营养价值？食用它都有哪些禁忌？……

答疑嘉宾 | 旅顺口区渔业协会吴高晨

大连人常说的“红里子”是啥？

“红里子”其实就是脉红螺，也称角泊螺、红螺、海螺等，软体动物门新腹足目骨螺科红螺属。常与中国蛤蜊、菲律宾蛤仔和竹蛏等混栖在一起，并以它们为食，主要产地有大连、烟台、威海等地。

脉红螺如何繁殖？

脉红螺是雌雄同体，即不分公母。每只都能产卵，但它们必须异体交配，互相受精，所以单只仍是不能繁殖的。

脉红螺长啥样？

脉红螺的贝壳略呈梨形，壳大而坚硬。旅顺脉红螺外在最突出特征是，壳内面为鲜艳的橘红色，外壳面偏棕红色，壳高与壳宽之比小。2013 年 4 月 15 日，原农业部正式批准对旅顺脉红螺实施农产品地理标志登记保护。

脉红螺什么部位不能吃？

脉红螺和香螺都是食肉性贝类，所以食用的时候，香螺要去除肉上绿紫色的青筋，脉红螺要去掉肉上白颜色的脑。去除的部位都是毒素聚集的部位，如果食用时不去除上述部位，容易引起头晕等不适症状，大连人俗称“拿脑子”。

脉红螺口感如何？

脉红螺，肉质肥嫩味鲜美，口感细腻爽滑，可鲜食和煮食，亦可加工成干品和罐头食品，经济价值高。除了肉可以食用之外，贝壳可做贝雕工艺的原料及诱捕章鱼之用。脉红螺营养价值也是非常高的，且易被人体所吸收，更是可以起到非常不错的补充蛋白质、维生素的作用。传统医学认为其具有消痰软坚、熄风镇静、制酸止痛之功效。

为何一定要煮熟才能吃?

食用脉红螺需要煮熟，脉红螺中的病菌主要是副溶血性弧菌、寄生虫卵等，80℃以上才能杀灭。一般来说，在沸水中煮 4～5 分钟才算彻底杀菌。

食用脉红螺主要注意些啥?

脉红螺本性寒凉，在食用时最好避免与一些寒凉的食物共同食用。不能与啤酒、红葡萄酒同食。螺肉不宜与中药蛤蚧、西药土霉素同服。

芒种时节，风吹麦浪，梦想芬芳。
麦子收起最后的锋芒，以一颗谷粒的名义，憧憬未来。

芒种

泽草所生，种之芒种。

蛏子

chēng zi

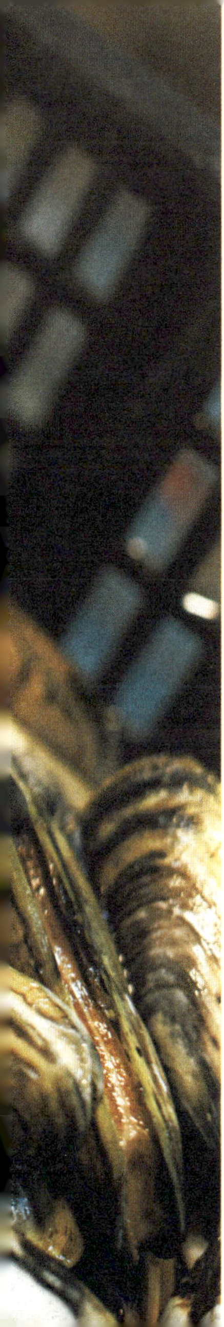

产地和口感有啥关系？吃蛏子能喝啤酒吗？

出生在海边的人们，对海鲜都情有独钟，除了新鲜的鱼类、鲜美的虾蟹，各种各样的贝类也是海边人最喜欢的美食。蒜蓉粉丝扇贝、辣炒蚬子、水煮海红、生吃海蛎子……多种多样的吃法，让这些海里的贝类成为大连人餐桌上经常出现的美味。蛏子也是这诸多鲜味中的一员，有的人可能对它不是很熟悉。那么它是生长在哪里？哪个季节好吃……

答疑嘉宾 | 大连市现代农业生产发展服务中心、大连市水产研究所副所长刘彤

蛏子为何物？

蛏子是软体动物，一类贝类的俗称。形状狭长，外壳蛋黄色，里边白色。蛏子自然分布在海域风浪平缓、海水盐度偏低的河口或内湾附近的潮间带，用强有力的足部潜入沙泥和软泥中掘穴而居。

蛏子的营养价值如何？

蛏子肉味道鲜美，是一种高蛋白低脂肪、营养价值丰富的海产品。据《中华海洋本草图鉴》记载，蛏子肉味甘、咸、性寒，有清热解毒、补阴除烦、益肾利水、清胃治痢、产后补虚等功效。

蛏子不能和富含维生素C的食物一起吃，不能与寒凉食物同食，不能与啤酒、红葡萄酒同食。皮肤病患者禁食，孕妇慎食。

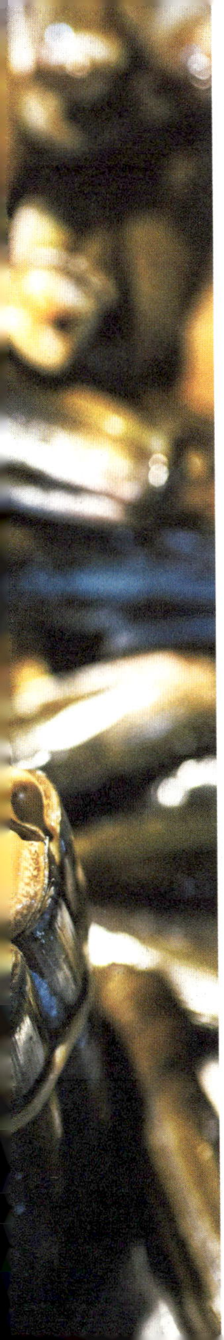

大连海域产的蛏子有哪几种？

据《大连近海无脊椎动物》记载，大连海域有7种蛏子。在瓦房店、金州、庄河、长海均有大竹蛏、长竹蛏、缢蛏自然分布。其中瓦房店竹蛏最多，庄河缢蛏最多。在大连海域，大竹蛏、长竹蛏和缢蛏产量较大，经济价值最高。

蛏子哪个季节最好吃？

蛏子在两个季节最肥美。一是在蛏子繁殖季节，辽宁沿海蛏子的繁殖期为6月下旬至7月，5月时蛏子最肥美；此外，秋冬季大连海域水温较低，此时蛏子肥满度不是最高，但是鲜度最高，口感最好。食用蛏子要煮熟。不同地区的蛏子口感差别，主要与其生活环境中饵料和水质有关。

蛏子可以养殖吗？

可以养殖。蛏子里，养殖技术突破最早的是缢蛏，已经能够全人工繁殖增殖。由大连市水产技术推广总站参与的大竹蛏人工繁育与增殖技术示范推广项目，在大连等地进行了增殖放流，资源恢复效果显著。蛏子养殖过程中是不投喂人工饲料的，它食用的饵料都是天然的浮游生物。

火龙果
huǒ
lóng
guǒ

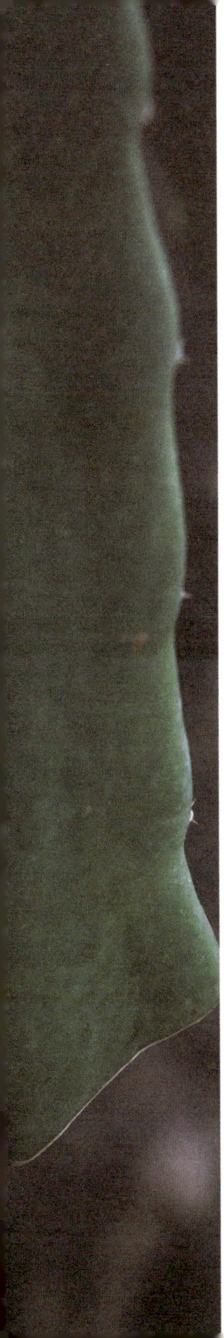

大连『土特产』火龙果，你真的吃过吗？

在大连人的印象里，火龙果是典型的南方水果。它穿着一件非常艳丽的紫红色衣裳，还带着几片绿色的小叶子，这些小叶子把火龙果打扮得像火焰一般，远远望去，还真有点像一个威武的火焰战士。它不仅好看，也十分可口，最重要的是还具有很高的营养价值。那么，大连地区有火龙果的种植吗？其市场情况又如何呢？

答疑嘉宾 | 大连品恋农业科技有限公司技术总监王艳华

火龙果是什么样的植物？

火龙果属仙人掌科，花呈漏斗状，于夜间开放，十分漂亮。成熟浆果为紫红色，球形，果肉分别为白色、红色。花可作蔬菜，其浆果可食，商品名“火龙果”。

在大连有火龙果种植吗？

火龙果产于南方，属热带水果。2003 年，王艳华首先将台湾的火龙果引入大连。截至 2020 年，王艳华所在的公司就有 15 个火龙果大棚，该公司在旅顺口区的基地，一亩大棚全年均产一万斤左右。大连有近 10 家火龙果种植企业。

火龙果引进到大连后是否遭遇“水土不服”？

火龙果引进到大连之后培育了整十年，此间没有批量产果——只为了让其适应北方的土壤和气候，并对其进行了优化改良，逐渐培育出了多个具有大连品质的优良火龙果，这些新品种可以说是大连的“土特产”。

为什么说大连火龙果是『南果北移，北苗南下』？

火龙果本是大连从外地引入的，但经过大连农业技术人员的精心培育，其新品种苗壮、生长快、耐贫瘠、果个大、产量高。引种到外地，一般栽培两年左右时间就可以获得良好的经济效益。现在大连的新品种火龙果又被海南、山东、河北等地的客商引种，是典型的『南果北移，北苗南下』。

大连的火龙果什么时候成熟?

在大棚中的火龙果，从开花到成熟，红皮系需要40天，黄皮系需要70天。只要温度湿度适宜，火龙果会一直产果。在大连，火龙果的产果期为每年6月至12月。火龙果不甜，糖分却很高，它集水果、蔬菜、医药优点于一身。糖尿病人、女性体质虚冷者不宜多食；女性在月经期间也不宜食用火龙果。

在市场上我们能买到大连产的火龙果吗?

受市场供求关系的影响，目前产量不足以投放市场，一般在火龙果成熟期就被观光采摘的市民抢购一空。在农贸市场上，大连市民经常买不到大连产的火龙果。

渗透在绿色里的夏天，宜展开各种让日子发出声响的故事。

不辜负长昼，不辜负星光，不辜负微风送抵的沁凉，不辜负果香浸染的每一天……

夏至

日长之至，日影短至，至者，极也，故曰夏至。

树莓

shù méi

大连种植的树莓，为何市场上少见？

鲁迅先生曾在《从百草园到三味书屋》中写道：“如果不怕刺，还可以摘到覆盆子，像小珊瑚珠攒成的小球，又酸又甜，色味都比桑椹要好得远。”文中所提到的覆盆子其实就是树莓，它在大连的种植面积并不大，但在近些年的水果市场上却越发受到欢迎。

答疑嘉宾 | 大连冰峪朝晖树莓科技有限公司树莓种植专家郭朝晖

树莓是长在树上的吗？

树莓属于灌木类植物，野生的多生在向阳山坡、山谷、荒地、溪边和疏密灌丛中潮湿处。人工培育的树莓矮一点的一米左右高，而高的可以达到两米以上。

树莓是进口水果吗？

长期以来，我国并没有展开树莓的人工种植，很多鲜食的树莓品种都是从国外引进的，所以才造成树莓是进口水果的误解。树莓不是外来物种，我国野生的树莓有 200 多种，且南北各地均有分布。

树莓和覆盆子是一种东西吗？

传统上，从中药的概念上来说，覆盆子是指生长在江浙一带的树莓。后来，人们在使用覆盆子和树莓这两个词时界限越来越模糊，已没有严格的区分。

树莓有什么药用价值？

树莓中含有的黄酮类化合物具有降血糖、降血脂的功效，比较适合血糖、血脂高的一类人适量食用。

大连的鲜食树莓最远卖到哪里？

鲜食树莓是相对小众的水果，种植面积和产量有限，又以供应国内大型连锁超市为主，所以大连本地市场上反而不多见。广东、上海、杭州和北京的超市反而常常能见到大连的鲜食树莓。

树莓有哪些营养价值?

树莓果实除了常见的红色外,也有黑色、黄色、紫色等。树莓是一种水分含量很高的水果,以新鲜的红树莓为例,其含水量达80%左右。树莓还含有蛋白质、脂肪、糖、钙、维生素等物质。经测定,每100克新鲜红树莓中含有蛋白质0.2克,脂肪0.5克,碳水化合物13.6克,纤维3克,钙、磷、镁各20毫克左右,以及少量各类对身体有益的纤维素。

什么时候能吃到大连应季的鲜食树莓?

根据品种不同,每年的6月20日左右开始,大连的鲜食树莓陆续成熟上市,一直可持续到9月底。

大连地区是从哪一年开始种植鲜食树莓的?

大连很早以前就有人零星种植过树莓,不过多用于加工原材料。直到2015年,在庄河地区,才开始有规模化鲜食树莓的种植。

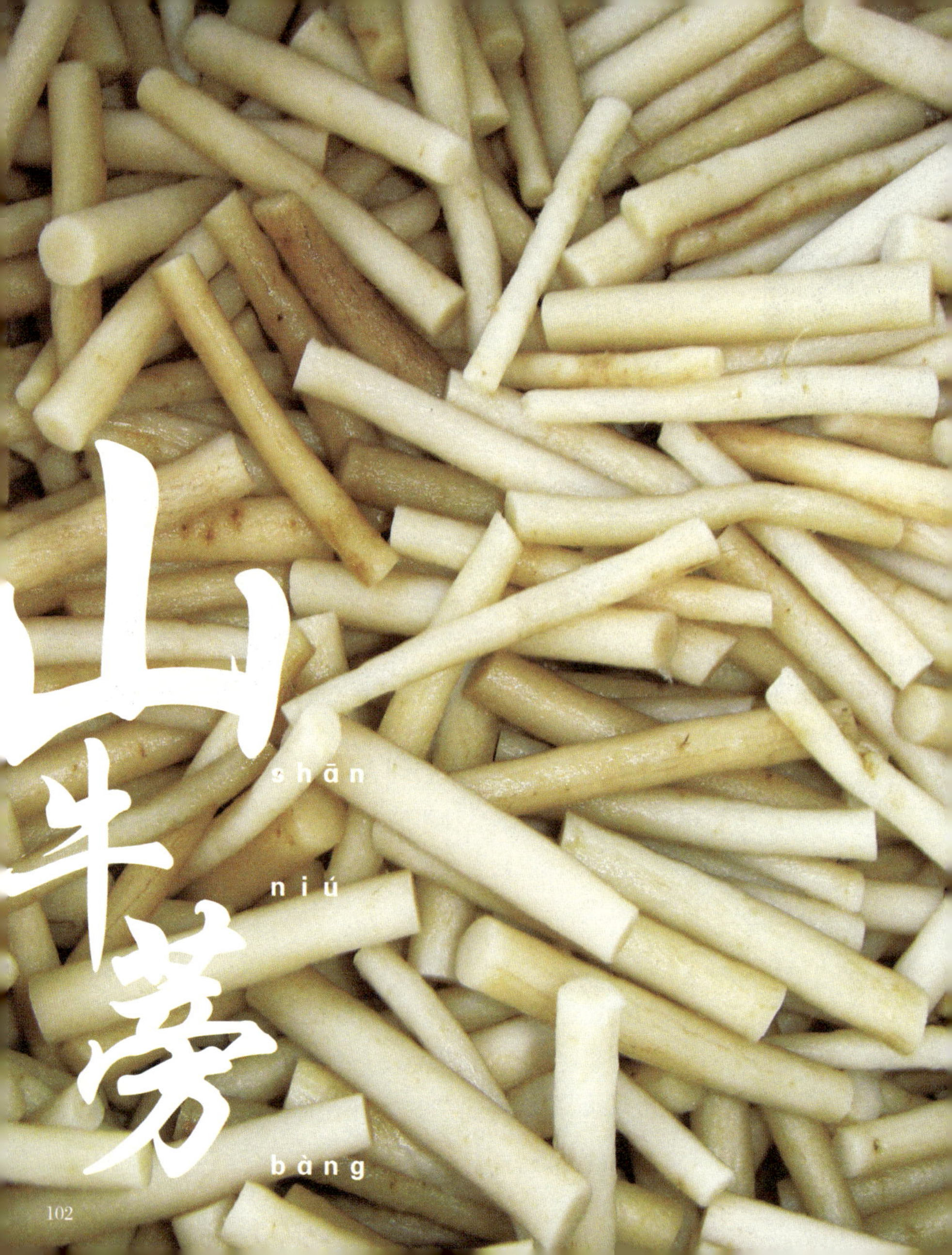
山
shān
牛
niú
蒡
bàng

大连山牛蒡到底有多牛？墙内开花墙外香，

它是大连县级地理标志产品，但却很少有人听说过它的名字，甚至有的人即使看到它的名字还可能念错；它在庄河种植已有30多年的历史，但大连市场却鲜少能够买到；它被誉为“东洋之参”，在日本广受欢迎，但在国内却声名不显，这个大连县级地理标志产品就是山牛蒡（bàng）。

答疑嘉宾 | 庄河山牛蒡种植专家孔淑玲

山牛蒡到底是个啥？

牛蒡是一种草本植物，山牛蒡是牛蒡的一种，是日本培育的新品种。刚收获的山牛蒡，看起来和铁棍山药有些相似。山牛蒡主要可食用部分就是它的根，是药食兼备的一种植物。

山牛蒡是引进品种吗？

山牛蒡原产于中国，中国人以牛蒡根入药更为常见。20 世纪 80 年代，日本改良的牛蒡品种传入我国，1990 年开始，庄河地区大面积种植山牛蒡并出口到日本等国家和地区。经过多年的种植培育，庄河也有了自己培育的山牛蒡品种。目前大连的山牛蒡基本上都集中在庄河。据初步统计，庄河山牛蒡的种植面积近千亩，分布在大营、太平岭等几个乡镇。

庄河的山牛蒡卖给了谁？

在日本，山牛蒡是一种国民蔬菜。多年来，庄河的山牛蒡 80% 以上都是出口到日本，剩下的部分有一些会出口韩国和非洲的一些国家。进入国内市场的只占极小的一部分。

山牛蒡怎么吃？

在庄河，山牛蒡播种的最佳时期是在每年的6月下旬。10月末11月初，此时是山牛蒡收获的季节。其亩产可以达到2吨左右。刚收获的山牛蒡是没有办法直接食用的，而是要经过加工。消费者会用加工好的山牛蒡炒菜或者煲汤，有的会加工成咸菜。

大连山牛蒡牛在哪里？

庄河是我国最早种植和出口山牛蒡的地区，其气候和土壤自然条件都适合山牛蒡的生长。庄河山牛蒡与其他地区生产的山牛蒡从感观、风味、理化指标上有着明显的区别和优势。多年来，山牛蒡也在全国其他地方进行了推广试种，但品质不是很好，主要食用的根部也不成形，达不到出口的标准，形不成种植规模。

山牛蒡为什么被誉为“东洋之参”？

山牛蒡被誉为“东洋之参”，也号称“元气之素”。在日本，山牛蒡被视为强身健体、防病治病的保健菜，具有清肠通便、降血压、降血糖、抗肿瘤等多种功效。山牛蒡的肉质根含有丰富的营养，其中胡萝卜素比胡萝卜高280倍，每100克山牛蒡中含有蛋白质4.7克、糖3克、粗纤维2.4克、钙242毫克、维生素C 25毫克。

浅握时光，难得安然。
心上无风涛，随处皆阴凉。

小暑

斗指辛为小暑，斯时天气已热，尚未达淤极点，故名也。

歇马杏

xiē mǎ xìng

离开了这方水土，还有『杏中之王』歇马杏吗？

每年4月，庄河市太平岭满族乡歇马村杏花盛开，花香四溢。到了7月，繁花虽已凋落，但一个个黄里透红的杏子沉甸甸地压低了枝头。小小歇马村在这时突然间喧闹了起来——有南来北往的果商，有闻香而动的饕客，近两年还多了不少直播爱好者。他们齐聚歇马村，为的就是挂满枝头的那些歇马杏。那么，歇马杏到底有什么魅力能从一个小小的村落走出，以“杏中之王”的美誉吸引八方食客？

答疑嘉宾 | 歇马杏种植专家王吉宾，庄河农业农村局专家范龙

★扫码尊享视觉盛宴

被引种到外地的歇马杏味道会改变吗？

每年7月5日到7月20日，这半个月是歇马杏最佳赏味期。橘生淮南则为橘，生于淮北则为枳。一样的树苗、一样的技术，长在其他地区的歇马杏在味道和个头上，或多或少都与歇马村的歇马杏有所区别。

歇马杏的产量有多少？

歇马杏是辽宁省著名水果品牌，2001 年被评为『绿色食品』，2011 年，歇马村因『歇马杏』被原农业部列为『一村一品示范村镇』，2016 年入选中国农业文化遗产名录。目前庄河市歇马杏种植面积约 2000 亩，结果树约 10 万株，年产量约 120 万斤，主要产地为庄河市太平岭乡，太平岭乡也被誉为『歇马杏之乡』。歇马杏核心产地在太平岭乡歇马村，面积约 500 亩，结果树约 1.5 万株，年产量约 40 万斤。

歇马杏到底是什么品种?

歇马杏的品种实际上应该是沙金红杏，是山西省太原市清徐县的特产，也被称为清徐红杏。据史料记载，沙金红杏栽培始于明朝。现在，它的种植遍布全国。从颜色上看，歇马杏生长朝阳的一面是黄色带有红点，背阳的一面则为一般的杏黄色。在口感上，肉厚核小、甜中带酸。最独特的是，歇马杏的个头都很大。沙金红杏平均单果重近60克，但是歇马杏平均单果重为200克，大的可达250克。其品质、口感、营养在杏中可谓翘楚，因此也被誉为“杏中之王”。

歇马杏其名从何而来?

歇马杏自歇马村而得名，据传已有百年的历史。传说，唐朝名将薛仁贵在辽东一带平叛胜利后，返都城途中经过庄河境内，在一山脚下扎营歇马，这座大山因此得名歇马山，山脚下的村子便叫做歇马村。歇马山半山腰曾有一座寺庙，因“破四旧”寺庙被毁坏，但在寺庙旧址处留下了四棵杏树。如今，这四棵百年老树仍在歇马村，村民纷纷移栽，多年下来，歇马村每户村民房前屋后都会种上几棵杏树。歇马村的杏子甜酸可口，远近闻名，久而久之，提起歇马村的杏子，大家都会称之为歇马杏。

海
hǎi
撒
sǎ

为何在大连是美味？海撒在南方能致命？

又到了撸串的季节。大连人的烧烤季最让人垂涎欲滴的不是外焦里嫩的肉串，而是鲜美无比的海鲜：鲍鱼、生蚝、螃蟹、嘎巴虾……但很多酒友最爱的却是不起眼的海撒。一边惬意地聊天，一边吸着海撒，其实更像在咂摸生活的滋味。

小拇指甲大小的海撒确实寻常，可是却没有几个人能叫出它的大名，更不知道它的营养价值到底怎么样。

答疑嘉宾 | 大连玉洋集团股份有限公司海洋技术研发中心主任李磊

吃海撒会致命？

海撒是织纹螺的一种，学名为纵肋织纹螺，大连人也称它为白波螺。

前几年，在江苏、浙江、福建沿海和部分内陆地区，由于食用织纹螺而中毒的事件几乎每年都有发生。

大连本地海撒是否也有毒?

生长在大连本地的海撒不含有毒素，跟南方产的是两回事儿。

大连地区的水域浮游生物大多不含毒素，小部分含极低的毒素，人食用没有什么问题。这类海撒好吃是因为其多以海藻为食，相对食肉性的大海螺，营养丰富、味道鲜美，所以价格也居高不下。

但是，因其受环境影响，在食用本地海撒时，要注意海撒的产地是否被污染等。

吃海撒喝啤酒是绝配？

海撒本性寒凉，在食用时最好避免与一些寒凉的食物共同食用，比如空心菜、黄瓜等蔬菜，饭后也不应该马上饮用一些像汽水、冰水、雪糕这样的冰镇饮品。喝啤酒就海撒也是一种错误的搭配，因为这样会引发痛风。

海撒是怎样变得有毒的?

事实上,海撒跟其他的海螺一样,本身是没有毒的。它的毒性来源于它的食物。它吃到了有毒的藻类之后,这些毒素累积在体内,慢慢形成了能致人死亡的毒性。海撒的毒,都藏在它的胃里。也有一种说法认为,赤潮是催生大面积有毒螺类的重要条件。赤潮是大量浮游生物聚集所致,如果这些浮游生物有毒,那么生活在这个环境中的海撒就会变得有毒。

海撒有啥可吃的?

别看海撒的体形小,可是却营养丰富。海撒是一种高蛋白、低脂肪、低热量的营养丰富的优质食品。它的蛋白质含量和猪肉接近,但是脂肪含量却只有猪肉的十分之一。同时富含维生素 E,其含量甚至高于海参两倍。另外,它的矿物质含量也非常丰富,特别是钙、镁、锌等的含量极为丰富。但是,海撒的缺点也很明显,其胆固醇含量比较高,比猪肉的胆固醇含量高两倍还要多。

我们总以为，失败和成功是对立的，
其实“失败”是“成功”里能见度最清晰的部分。
比学习成功更必要的是：透过挫败来领悟人生意义。

大暑

小暑后十五日斗指未为大暑。

牙片鱼
yá
piàn
yú

一条『丑鱼』凭什么撑起大连餐桌『半壁江山』？

它，身材不起眼，通体扁平，一侧身体颜色较深，以褐色、黑色为主，另一侧呈白色；它，相貌很丑陋，五官不对称不说，俩眼睛甚至还长到了同一边。

可就是这种其貌不扬的鱼，却深受大连人喜爱，尤其是在休渔期，可以说它撑起了大连人餐桌上鱼类的“半壁江山”。

说到这里，很多大连人都猜到了：“你说的不就是牙片鱼吗？”

答疑嘉宾 | 大连市现代农业生产发展服务中心水产研究所研究员赵静

牙片鱼到底是什么鱼？

牙片鱼，也叫鸦片鱼，在各地还有比目鱼、平目、左口等俗名。

牙片鱼其实叫牙鲆，因为名字谐音，很多人都称它为牙片鱼、鸦片鱼。每年春季到近岸产卵。

在大连，最常见的牙片鱼是一种学名为褐牙鲆的鱼。

为什么牙片鱼会成为增殖放流的主要鱼种？

增殖放流一般是有组织、有计划地用人工方法向天然水域中投放鱼、虾、贝、藻等水生生物幼体（或成体或卵等）以补充自然个体的不足。选择牙片鱼为增殖放流的主要鱼种的原因是它深受人们喜爱，繁育技术成熟，放流成活率较高，生长速度也比其他鱼类快。另外，牙片鱼在哪片海域投放基本上就在这片海域生长，便于捕捞。

牙片鱼从小眼睛就长在同一侧吗？

牙片鱼在小时候长相还是挺正常的，双眼对称分布在头两侧，身体也可以像其他鱼类一样正常游动。但在发育过程中变态，右眼逐渐转至左侧，变态完成后下沉海底，身体也变成侧卧的姿势潜伏于沙泥中。

这与它们长久以来的生存和捕食习惯有关。牙片鱼是肉食鱼类，在捕食时，扁平的身子更容易突袭。另外，它们还有一种很高级的“化妆术”——体色可以随环境而改变，便于它躲避敌害和捕捉食物。我们经常可以看到的牙片鱼呈褐色、黑色，这也是大连海域海底最常见的颜色。

为什么说牙片鱼是休渔期最常见的品种?

因为牙片鱼的人工养殖技术比较成熟，在休渔期其他野生鱼类难得一见的情况下，牙片鱼却可以大量出现在市场中。除了人工养殖，牙片鱼也是大连市每年增殖放流的主要鱼种，所以其产量也远超其他鱼种。

牙片鱼有哪些营养价值?

牙片鱼除了味道鲜美，其鱼肉含油脂量较高，特别是鳍边和皮下含有丰富的胶质，有养颜美容作用；鱼肝可提制鱼肝油，有健脑、补钙、美容、纤体的食疗功效。同时，鱼肉中含有多种氨基酸，可以修复肌肉，促进人体发育，提高中枢系统神经功能。

圣 shèng
女 nǚ
果 guǒ

它真是转基因食物吗？圣女果和西红柿啥关系？

在我们身边有这样一种食物，有人把它当作蔬菜、有人把它看作水果，不管是在超市的果蔬专柜，还是市场里小贩的水果摊上都随处可见它的影子。

它的果形形态各异：有球形、洋梨形；它的果色五彩缤纷：有红色、粉色、黄色、绿色……它是西红柿家族中的一员，别看它个头小巧，却有一个高大上的名字——圣女果。

然而近些年，根红苗正甚至可以被称为“西红柿家族祖先”的圣女果却身陷转基因谣言，那到底是咋回事儿？

答疑嘉宾 | 大连市现代农业生产发展服务中心（大连市农业科学研究院）种植业研究部蔬菜研究所副所长孙岩

圣女果是蔬菜还是水果？

从食用方法上来看，圣女果既可作蔬菜又可作水果。从植物学角度来说，圣女果是茄科番茄属的一年生草本植物，属于蔬菜一类。

圣女果的名字从何而来？

圣女果又叫做樱桃番茄、迷你番茄等，是西红柿家族中的一员。之所以叫圣女果，是因为最开始大陆从台湾地区引进时，其中一个品种叫“红衣圣女”，所以后来人们就把所有的小西红柿都称为“圣女果”。

圣女果的原产地在哪儿？

虽然叫“西”红柿，但它原产自美洲，个头很小，进入西方国家后一直作为观赏植物存在。而我们常说的大西红柿其实是为追求大果实和产量由原始樱桃番茄杂交选育出来的，可以说圣女果是大西红柿的“老祖宗”。

大连种植圣女果有哪些优势？

圣女果主要种植区域在大连瓦房店、普兰店地区。因为那里独特的气候，圣女果果实品质高、口感好。大连的圣女果可做到一年四季均有上市，每年四五月份是圣女果上市高峰期。

为什么圣女果颜色鲜艳、形状多样？

相比大西红柿，圣女果颜色更多样化，其形状也更千变万化，比如梨形、椭圆形、小圆球形，等等。这只是正常杂交技术培育出来的不同品种而已。

为什么说"圣女果是转基因食物"是谣言?

近些年，社会上流传"圣女果是转基因食物"。其实转基因食物是利用基因工程改变基因组构成的动物、植物、微生物产品及其加工品。而圣女果是原始樱桃番茄发展而来的，农学家们只是将那些性状优良的小个头樱桃番茄通过常规杂交组合在一起，从而得到了口感极佳的圣女果。所以，"圣女果是转基因食物"的说法是错误的。

食用圣女果有哪些好处？

圣女果的热量很低，含水量又丰富，有较强的饱腹感，具有生津止渴、健胃消食、清热解毒、凉血平肝等功效，非常适合减肥人群食用，而且圣女果在营养上更胜大西红柿一筹。

秋
此时，给每一枚果实，给每一条鱼，起一个温暖的名字

AUTUMN

一岁一秋，今又立秋。
凉风有信，一枕新凉！
云天收夏色，木叶动秋声。

立秋

秋者阴气始下，
故万物收。

飞蟹

fēi xiè

常吃的蟹黄是蟹卵吗？
『二刈子』蟹是公是母？

在大连，入了9月，喜欢吃海鲜的市民就开始惦记起了市场上的螃蟹，尤其是飞蟹——其个大味美，受到很多人的喜爱。那么，大连人常说的飞蟹学名叫啥？有什么生活习性？活的时候是青色的，为啥一煮就变红了？

答疑嘉宾 | 大连市现代农业生产发展服务中心水产研究所研究员赵静

飞蟹到底是啥蟹？

大连人喜欢吃的飞蟹，学名叫做三疣梭子蟹，有的人简称它梭子蟹，在南方一些地方也被叫做白蟹。个体硕大，最大个体可达1000克。一般寿命约3年。

飞蟹如何分公母？

判断飞蟹的公母要看蟹脐。母蟹蟹脐呈椭圆形，公蟹蟹脐为三角形。买飞蟹时，有的时候常会遇到“二刈（yì，意为割）子”，也称“二椅子”飞蟹。那么“二刈子”到底是公还是母？常说的“二刈子”飞蟹其实是还未达到生育年龄的母蟹，经过退壳之后就会变成成熟的母蟹，通常个头不大。这样的飞蟹其蟹脐既不够圆，也不够尖，而是呈三角形，从蟹脐上难分公母。

飞蟹为什么会有的腿大有的腿小？

人们经常会遇到同种飞蟹，有的蟹腿大，有的蟹腿却小。小的蟹腿很可能是原来的蟹腿因种种原因掉落后再长出来的。这就是螃蟹的足自截和足再生的能力。

蟹子煮熟后为何会变红？

在螃蟹甲壳的真皮层中分布着各种各样的细胞，它们大多数是青黑色的，这也是活蟹呈青色的原因。在这些细胞中，有一种叫虾青素的物质，平时它与别的物质混在一起，无法显出鲜红的本色，可经过烧煮后，别的物质都被破坏和分解了，唯独它不怕高温，于是，螃蟹的甲壳便呈现出虾青素的红色。

为何大连的飞蟹比南方的鲜美?

飞蟹肉质细嫩，口感清甜，营养丰富。飞蟹肉中主要的脂类为磷脂，甘油三酯含量很低。飞蟹可食部分还含有丰富的不饱和脂肪酸，其可食部分中钙、镁、锌的含量均高于皱纹盘鲍。大连海域水温偏低，水质较好，生活在这个区域的海洋生物生长周期长，脂肪含量略高，所以吃起来，大连的飞蟹口感更鲜美。

飞蟹有养殖的吗?

目前，飞蟹在中国河北、江苏、浙江、山东等省沿海地区均有养殖。不过，大连养殖飞蟹的很少，只有个别地区有养殖，规模也不大。

蟹黄是蟹卵吗?

蟹黄中确实含有未排出体外的卵细胞，但还有螃蟹的其他器官、腺体、组织液等物质。蟹黄体积变大、呈鲜艳的橘黄色时代表母蟹的性腺已经成熟，此时生产排出体外的是蟹卵，留在体内性腺中的卵细胞仍然属于蟹黄的一部分。

海盐

hǎi yán

大连人的菜品里，调味的是哪种盐？

百姓开门七件事，柴米油盐酱醋茶。作为人类使用的第一种调味品，食盐是人们生活中的必需品，许多菜品都是无盐不起味，所以它被誉为“百味之首”。虽然盐是最普通、最常见的一种调味品，但它背后却有着很多鲜为人知的秘密：盐是怎样生产出来的？盐究竟有多少种？我们日常吃的是什么盐？大连的哪里被誉为“中国海盐之乡”？为什么大连海盐品质这么高？

答疑嘉宾 | 大连盐化集团有限公司生产技术部部长刘洪琪

★扫码尊享视觉盛宴

我们常吃的盐是从哪儿生产出来的？

自2005年以来，我国一直保持世界第一产盐大国和盐消费大国地位。我们常吃的食用盐按来源通常分为四个盐种：海盐、湖盐、井盐、矿盐。

大连人平时吃的都是海盐吗？

从各盐种的总产量来看，井盐、矿盐产量最大，海盐次之，湖盐最少。井盐、矿盐制作周期短、生产成本低、价格也较为便宜，我们常吃的食盐以井盐、矿盐为主，大连人亦是如此。我们在购买食盐时，可以注意一下其包装袋。

盐都是白色的吗？

其实，纯盐是无色的。而各盐种的原盐有很多种颜色：海盐大部分是白色，也有黄褐色、灰褐色、淡红色、暗白色；湖盐有青色、红色、蓝色、黑色；天然形成的岩盐，常常五颜六色混在一起，就像宝石。

盐都有什么用途？

除了食用，盐在医疗、农业等方面都被广泛应用，而且盐在工业上用途很广，被人们誉为“化学工业之母”。

盐只有咸味这一种味道吗？

盐的主要味道是咸味，但有部分盐还带有苦味、酸味等，因为它们含有杂质；海盐由于生产工艺保存了氨基酸成分，能吃出鲜味。海盐不只是调味品，海水中含有 80 多种化学元素，海盐还是人体最佳的微量元素补充来源。

"吃盐长力气"有科学依据吗？

经常听老人说"吃盐长力气"，这是有一定科学依据的。说白了，盐就是人体血液渗透压的"水泵"，血液循环快了，自然就觉得有力气。但当过量的钠存在于血液中时，会导致血压上升，所以高血压人士要少盐。我国提倡成人每日摄入 6 克食盐即可满足机体对钠的需要，但具体食盐摄入量还要因人而异。

大连何时开始制盐？

复州湾海盐生产历史悠久，春秋时期就有史料记载。明洪武十四年（1381年），复州即设盐百户和煎盐军，管理和经营盐业事务。清宣宗道光二十八年（1848年），大连复州湾盐场始建，成为中国海盐重要产地。

至深的平和，
一定经过命运浮沉的洗礼，一定经过生离死别的考验，一定经过爱与恨的煎熬。
经过了，走过了，熬过了，
生命的底色里，增了韧，添了柔，方能抵达真正的坚定与释然。

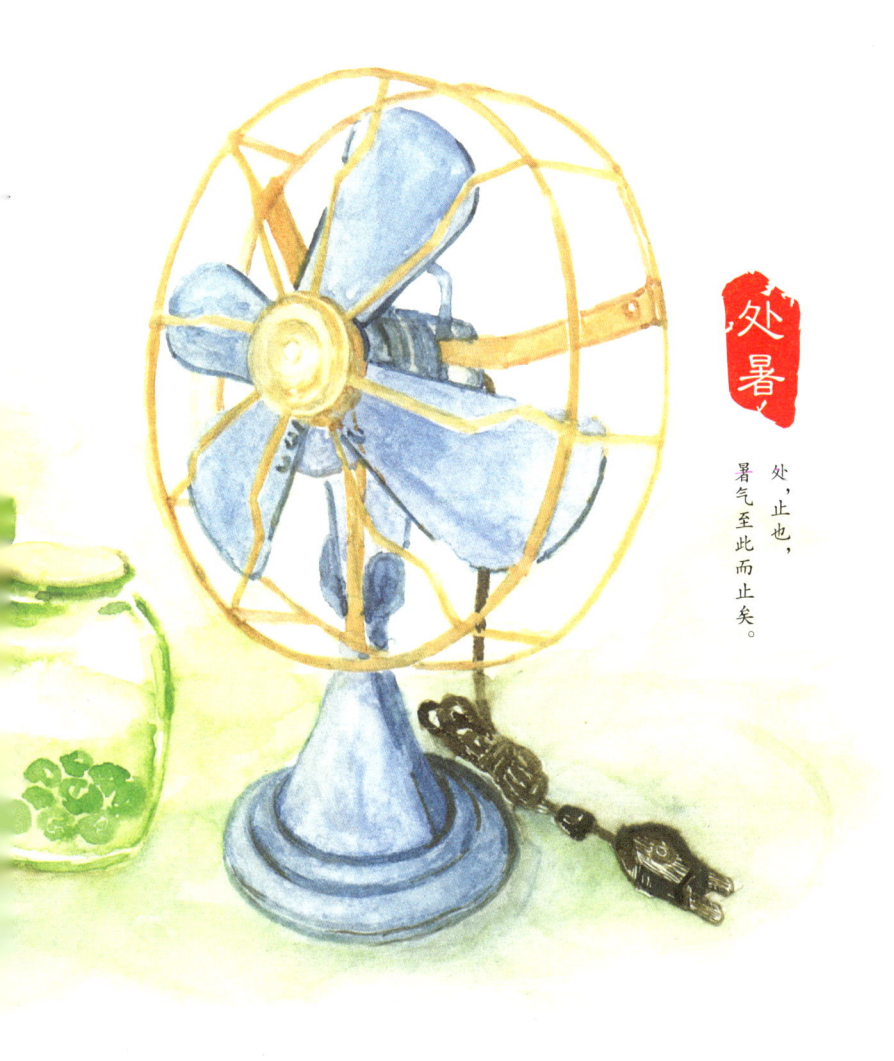

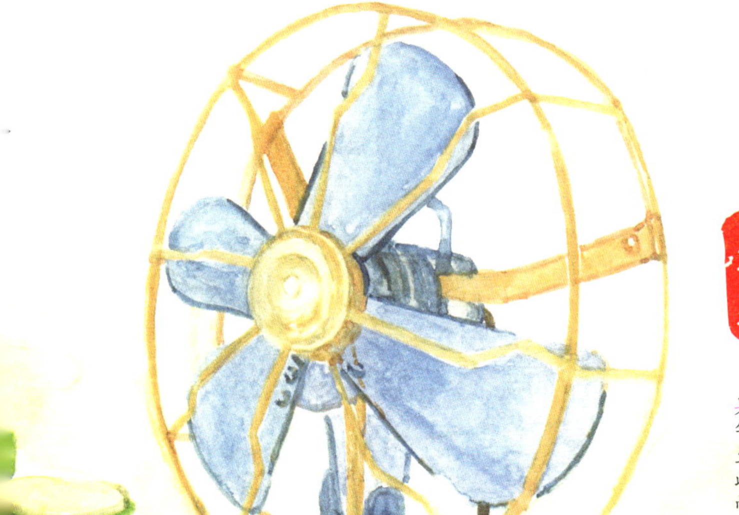

处暑

处，止也，暑气至此而止矣。

泥溜子

ní liū zi

在饭店点个『泥溜子』，老板为何夸『会吃』？

跟着庄河本地人赶海，有时你会被领到退了潮的满是淤泥的滩涂上。

在他们的指导下，弯腰仔细查看，退潮的海水带走泥沙，在滩涂上留下了一个个纽扣大小卵圆形的贝壳。捡起来后，你会发现，这看起来像是蚬子的小东西，却只单边有壳，庄河人管这叫“泥溜子”。

在当地的一些饭店，外地人要是点上一盘“泥溜子”，饭店的老板甚至会特意赞上一句“会吃”。那么这“泥溜子”到底是个啥？

答疑嘉宾 | 大连玉洋集团股份有限公司海洋技术研发中心主任李磊

“泥溜子”到底是个啥？

庄河人口中的“泥溜子”，其实就是泥螺。外壳呈卵圆形，壳薄脆，泥螺的身体表面呈泥沙色，酷似凸起的泥沙，起着拟态保护作用。

泥螺有什么历史？

据明万历《温州府志》记载："吐铁一名泥螺，俗名泥蛳，岁时衔以沙，沙黑似铁至桃花时铁始吐尽。"所以，在古代，泥螺也叫吐铁或者泥蛳。

大连地区有人工养殖的泥螺吗？

20 世纪 80 年代，浙江开展泥螺养殖工作并在全国推广，但在大连地区，由于受水温和生长环境限制，目前还没有规模化养殖的泥螺。

泥螺在大连主要分布在哪里？

泥螺是海产品。在大连地区，泥螺主要分布在黄海沿岸滩涂，特别是庄河，靠近丹东，且内陆河流较多，咸、淡水交汇的内湾常常可以见到泥螺生长。泥螺寿命在1年左右。

泥螺有什么营养价值？

泥螺含有丰富的蛋白质、钙、磷、铁及多种维生素。泥螺营养丰富，又具一定医药价值。据《本草纲目拾遗》载：泥螺有补肝肾、润肺、明目、生津之功效。民间还有以酒渍食，能防治咽喉炎、肺结核的说法。

泥螺分不分公母？

泥螺为雌雄同体，异体受精，雌雄性腺生长在一起，因此泥螺不分公母。

吃泥螺有什么注意事项？

泥螺含有某些能使人体发生过敏症状的物质。若食用后出现过敏症状应停食泥螺，服用脱敏药物，严重者应迅速就医。泥螺受生长环境影响，有可能携带寄生虫，一般水产品经过加酒、盐腌、加醋等不能完全杀死寄生虫。所以，虽然腌制的泥螺风味独特，但出于安全的考虑，还是熟食更好。

海虾米

hǎi xiā mi

列入『海八珍』的小虾米，制作和食用都有哪些讲究？

生活在海边的大连人的餐桌上，一定少不了美味海鲜。海鲜吃起来非常美味，但是处理的过程会有点繁琐，而在很多时候，我们也做不到随时随地都能吃到海鲜。这时候，海鲜干货就成了我们的备选。在海鲜干货中，有着“海八珍”之一之称的海虾米，是我们日常生活中很常见的一味美食。

答疑嘉宾 | 旅顺口区渔业协会吴高晨

海虾米是啥？

海虾米也称虾米，又名海米、金钩、开洋，是用鹰爪虾、脊尾白虾等加工的熟干品。食用前加水浸透，肉质软嫩、味道鲜醇，煎、炒、蒸、煮均宜。

旅顺海虾米有哪些历史？

虾米之称始见于唐代颜师古注《急就篇》的注文。明代《本草纲目》指出：『凡虾之大者蒸曝去壳，谓之虾米，食之姜醋，馔品所珍。』『旅顺海虾米』历史悠久，早在唐宋时期在《鸭江行部志》中就对辽东半岛的物产、地形有着细致的记载，已有千余载。

旅顺海虾米有何殊荣？

『旅顺海虾米』是具有旅顺地方特色的海味品之一，由于其采用先进的生产工艺流程制作，独特的地域环境造就其产品质量上乘，色泽金黄品相好，肉质坚实，味道鲜甜，营养丰富，有『金钩海米』的美称。2014 年 5 月 22 日，农业部批准对『旅顺海虾米』实施国家农产品地理标志登记保护。

旅顺海虾米用的是什么虾?

渤海海峡是各种洄游性鱼虾类栖息、产卵场所和洄游通道,尤其适合“旅顺海虾米”加工生产所用的原料脊尾褐虾、脊尾白虾等小型虾类生长、繁育。由于上述虾类质量优良、鲜度好、数量大,在产量过剩的情况下,将鲜虾制作成同样美味的虾米更容易储存。20 世纪初,旅顺便逐步出现了规模化的小作坊式加工生产。

海虾米有哪些营养价值?

清末民初,民间将海虾米收作“海八珍”之一。海虾米含有的微量元素很多,特别是钙,还有 55%的蛋白质,大约是蛋和奶的几十倍。据测定,每 100 克海虾米含蛋白质 58.1 克、脂肪 2.1 克、糖类 4.6 克、钙 577 毫克、磷 614 毫克、铁 13.1 毫克,还有多种维生素等。

食用海虾米有哪些禁忌?

海虾米养肾补肾,补阳壮阳,补气益气,调理肠胃。患过敏性鼻炎、支气管炎、反复发作性过敏性皮炎的老年人,患有皮肤疥癣者忌食海虾米。

每个人真正的自洽，
是从享受孤独开始，从遇见相似的灵魂开始。

白露

处暑后十五日为白露，阴气渐重，露凝而白也。

对虾

duì xiā

没落辉煌间藏着什么秘密？中国对虾真的『成双对』？

它是近几年餐桌上非常常见的美食，无论用什么烹饪方式，它的美味总是无可抵挡。

因为营养丰富、口感好，它受到各类人群的喜爱——它就是“中国对虾”。

红烧大虾、油焖大虾、蒜蓉烤对虾、鲜虾水饺……想起这一道道菜名，就能让人直流口水。

那么中国对虾是因为成双成对才有此名的吗？它曾经一度几乎灭绝，产量是如何有所恢复的？

答疑嘉宾 | 大连市现代农业生产发展服务中心水产研究所研究员赵静

为什么叫中国对虾？

中国对虾产于中国，又称东方对虾、明虾。对虾由于虾个头大，过去在北方市场上常以“一对”为单位来计算售价而得名。中国对虾因为主要分布在中国，且传统的产卵场在我国渤海和黄海北部，由此得名。

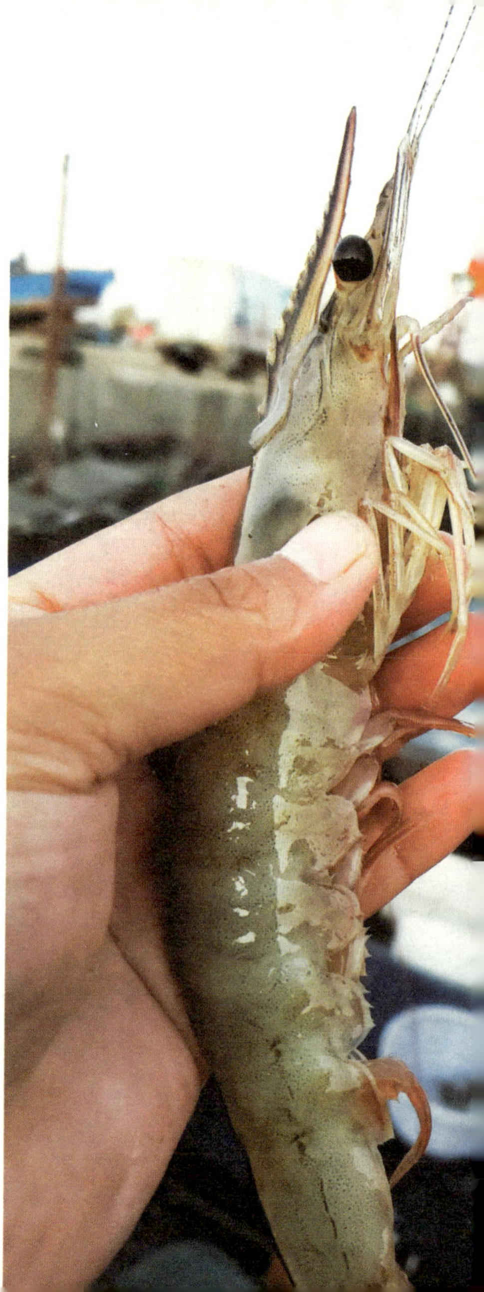

中国对虾与其他种类的虾有何区别？

包括厄瓜多尔白虾在内的南美白对虾，和咱中国对虾几乎一模一样，挑选的时候可以掌握这几个小窍门：虾头上那根刺（学名叫额剑）很长超过虾嘴的，虾须很长的，个头比较大的，基本就是中国对虾了。

中国对虾有何营养价值？

《本草纲目》载：『（对虾可）补肾壮阳、滋阴、健胃、化痰、镇静。』中国对虾肉质鲜嫩味美，营养丰富。虾肉含大量优质蛋白质，少量脂肪，并含有多种维生素及人体必需的微量元素，是高蛋白营养水产品。对虾的肉和鱼一样松软，易于消化。

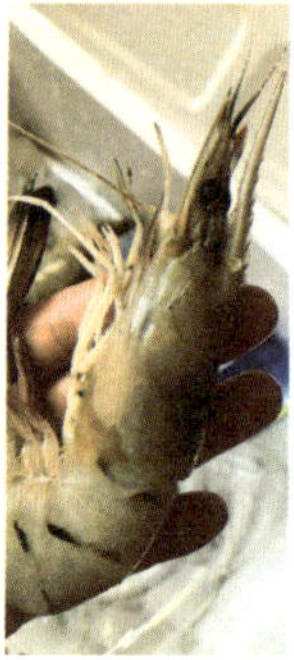

中国对虾有何食用禁忌？

忌食生虾，生吃易引起副溶血性弧菌食物中毒，甚至危及生命。患有过敏性疾病的人不宜食用。吃虾后不宜服用维生素C，否则能危及人的生命。

中国对虾经历了何种兴衰历史？

中国对虾在 20 世纪 80 年代年捕捞产量近 2 万吨，养殖产量达到 20 万吨。

进入 90 年代中期，中国对虾已形成不了渔汛，1997 年捕捞产量仅 800 吨。从 1993 年开始，中国对虾养殖业和中国对虾增殖业产量都下降 90%，与之相关产业相继萎缩。中国对虾产业从辉煌到没落，仅 10 多年时间。当时中国对虾濒临灭绝的主要原因有两个，一是海洋环境的污染日益严重，二是人为的过度捕捞。

中国对虾在大连海产品中的地位？

中国对虾主产于渤海、黄海海域，大连沿海是我国对虾的主要产地之一，是重点捕捞作业区。对虾曾是大连水产品出口创汇的主要产品之一。

近几年市场为何频现中国对虾的身影？

近几年，由于增殖放流和环境保护等原因，大连渔民在近海经常可以捕捞到中国对虾。一般从幼虾经过放流，在自然海域生长 4 到 5 个月，可以达到商品规格。秋季的中国对虾最肥美。

虾 xiā
皮 pí

为何被称为天然钙库？虾皮还算不算海鲜？

对于吃惯了鱼、虾、蟹、贝等海鲜的大连人来说，虾皮算不算海鲜呢？估计很多人会说“不算”，就算硬要把虾皮划归到海鲜中，也就是个轻量级的。然而，很多人都不知道，看似不起眼的虾皮不只是厨房里常备的“提鲜神器”，“瓦房店虾皮”更是全国虾皮界里的“扛把子”。有一种说法是：全国一半左右的虾皮来自瓦房店西杨乡将军石渔港。2017 年，“瓦房店虾皮”成为地理标志产品。

答疑嘉宾 | 瓦房店市西杨乡渤海村党支部书记于金龙

★扫码尊享视觉盛宴

虾皮是用什么虾制成的？

制作虾皮的原材料叫毛虾，是我国产量最大、群体最集中的虾类，它们在渤海沿岸产量最多，其营养价值高，风味独特。毛虾体形天生就很小，其成熟体体长最大不超过 4 厘米。因为毛虾个头小、肉质少，经晾晒或烘干制成干品后看似几乎只剩一层皮壳，所以被人称为“虾皮”。

为什么瓦房店盛产虾皮？

每年从辽河口奔涌而来的河水，携带了大量毛虾进入渤海，瓦房店西杨乡地处渤海湾畔，占尽地利优势。每年禁渔期过后，当地渔民开始捕捞毛虾，此时是它们一年中数量最多、个头最大、肉质最鲜美的时候，一网捕上来往往都是清一色的毛虾。渔民们捕获毛虾后便立即返航，在岸边进行加工，以保持毛虾的新鲜度和鲜味。

瓦房店最早在什么时候就开始生产虾皮？

瓦房店西杨乡渤海村，是全国虾皮产量最大的渔村，拥有上百年制作虾皮的历史。《复县志略》中记载：1900 年到 1930 年，瓦房店地区毛虾产量占当地水产品总量的 70%。20 世纪初，当地就有很多加工虾皮的小作坊。至今当地仍坚持沿用民用古法加工虾皮，誉满全国。沿用百年的古法也会有创新，虾皮在水煮过程中不加盐，就制成了利于老人和儿童食用的“无盐虾皮”。

用一碗虾皮可以自己做味精？

准备好一小碗虾皮，热锅后干炒虾皮，炒至干燥，盛出后保持干燥状态放凉，然后用擀面杖或研磨机将其研磨成细粉就完成了。这种纯天然制作的味精做任何菜肴时都可以用来提鲜，既美味又安心。

为什么虾皮被称为『天然钙库』？

虾皮蛋白质含量高、矿物质含量及种类也非常丰富，除了含有陆生、淡水生物缺少的碘元素，铁、钙、磷的含量也很丰富，每 100 克虾皮钙和磷的含量分别为 991 毫克和 582 毫克，所以素有『天然钙库』之称。不仅如此，虾皮其实还有一种重要的营养物质——虾青素，虾青素是迄今为止发现的最强的一种抗氧化剂。虾皮越红，虾青素含量越高。

蟹正肥、菊花黄、丹桂飘香，人心安恬！
前路浩浩荡荡，万事尽可期待。

秋分

秋分者，阴阳相半也，
故昼夜均而寒暑平。

河 hé 蟹 xiè

为何是一场双赢？河蟹长在稻田里，

秋风起，蟹脚痒；菊花开，闻蟹来。每年9月~10月是河蟹黄多油满之时，因此，有美食家坦言"秋天以吃螃蟹为最隆重之事"。就连唐代浪漫的大诗人李白也曾经举杯吟唱"蟹螯即金液，糟丘是蓬莱。且须饮美酒，乘月醉高台"。而狂放的宋代大诗人苏轼则大快朵颐"不到庐山辜负目，不食螃蟹辜负腹"。

据史料记载，这里所提螃蟹均为河蟹。大连地区养河蟹也有20多年的历史了。

答疑嘉宾 | 瓦房店市三台满族乡海岛村养蟹大户赵明革

大连养殖的河蟹属于什么品种？

大连养殖的河蟹都是盘锦的稻田蟹，也叫"毛蟹"。

河蟹为什么喜欢在稻田里生活?

稻田为河蟹提供了丰富的天然饵料和良好的栖息环境。稻田水浅、遮光，有利于河蟹隐蔽和蜕壳，浅水饵料生物多，有利于河蟹生长。

河蟹在稻田里不祸祸水稻吗?

河蟹不仅不会祸祸水稻，对于水稻的生长还是十分有利的。因为河蟹摄食稻田中的杂草、绿萍、底栖生物、水草，并大量消灭叶蝉、螟虫等害虫，其排泄物还可肥田。据测定，连续三年养蟹的稻田，耕作层的土壤有机质提高了一倍左右。这就促进了水稻生长，提高了水稻产量。

吃河蟹为什么要蘸姜汁?

河蟹性寒，吃河蟹时，一定要准备一些生姜末、生姜丝拌在醋碟内，用蟹肉蘸着吃。这是因为生姜能增强和加速血液循环，刺激胃液分泌，其性温热，正好可以与性寒的蟹肉相补。

河蟹的所有部位都可以吃吗?

河蟹有 4 个部位千万不能吃。

蟹胃：就是蟹盖里三角形的骨质小包，内有污沙。

蟹心：蟹身中间一个呈六角形的片状物，那是蟹心部分，应丢弃。

蟹肠：即由蟹胃通到蟹脐的一条黑线，应丢弃。

蟹鳃：即长在蟹腹部如眉毛状的两排软绵绵的东西，应清除。

河蟹腿上为什么长毛？

这些毛其实就像给河蟹装上了小雷达。河蟹腿上长毛是为了测量水流的变化。河蟹是杂食动物，水草、腐烂的小鱼小虾都会吃，腿上的绒毛可以感知到由水中动物活动而引起的水纹波动，以此来判断对方是敌人还是猎物。

小神仙

xiǎo shén xiān

造就『小神仙』的前世今生？魔幻的十分钟，

在庄河北部山区有一道特色菜，叫油炸“小神仙”。满身仙气的名字，让很多游客不禁点上一盘，可等“小神仙”上了桌，好似蚕蛹但又和蚕蛹略有不同的外貌，让很多人感到惊讶。那么“小神仙”到底是什么？它和蚕蛹又有什么不同？

答疑嘉宾 | 庄河“小神仙”养殖户潘明军

★这个蚕宝宝吐丝结茧刚成蛹的十分钟内，就变成『小神仙』。

“小神仙”是啥？

“小神仙”一般在庄河北部山区比较常见。在岫岩一带，“小神仙”的产量会多一些，不过，在岫岩那边也被叫做“神仙蛹”。其实，“小神仙”是蚕蛹成长中很特殊的一个阶段。

★ 庄河北部山区风光。

『小神仙』是蚕蛹成长过程中的哪个状态？

在庄河，在很多吃过『小神仙』的人中流行一种说法：『小神仙』处于蚕蛹成熟的后期，就像蚕蛹变成蚕蛾，好似羽化成仙。『小神仙』，顾名思义就是蚕蛹马上要变成蚕蛾时的状态。但也有人认为上述说法不正确，『小神仙』处于由蚕虫变成蚕蛹的初期。一般来说，蚕在吐丝结茧后四五天，就会从虫变成蛹。刚化成蛹时，蛹的表皮是黄绿色的，此时，如果将蚕蛹立刻从蚕茧中取出，速冻起来，终止蚕蛹的进一步变化，就成了『小神仙』。这个过程前后不会超过十分钟。要是没有终止这一变化过程，它的表皮就会变成黄色、黄褐色或者褐色，成了大家常吃的蚕蛹了。

“小神仙”为何没有量化生产？

老一辈人没有冰箱等冷冻设备，大都是养蚕的地区才知道还有“小神仙”的存在，这可能是大多数人不了解“小神仙”的原因，也是很早之前“小神仙”难以规模化和商品化的原因。这个先天不足，造成了如今“小神仙”的市场有限，养的人不多。此外，由于“小神仙”变化的过程十分迅速，再加上每个蚕蛹变化的时间不一致，所以必须有人24小时轮流盯着，发现一个就拣出来冻上，费神费力。

“小神仙”和普通蚕蛹哪个更好吃？

现在还没人专门研究过“小神仙”与蚕蛹在营养价值上有何具体不同，料想与蚕蛹类似。蚕蛹的皮都比较硬，所以人们一般会把皮吐掉。“小神仙”表皮又薄又软，是不需要吐皮的，虽然两者的味道差不多，但“小神仙”吃起来的口感要比一般的蚕蛹细腻。由于“小神仙”产量也有限，所以价格比一般的蚕蛹要高，有时甚至会高出一倍。

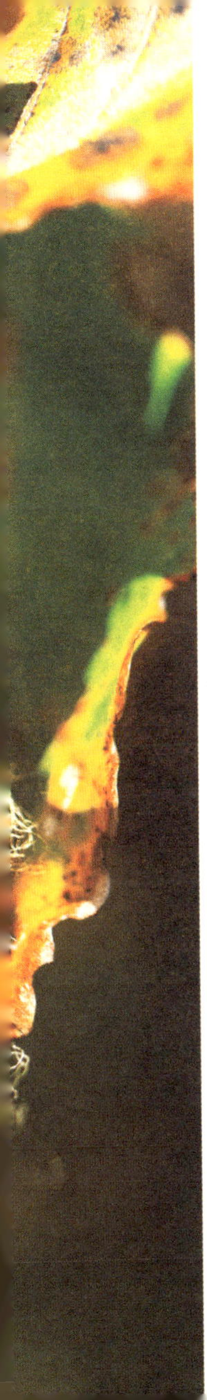

『小神仙』与普通蚕蛹有什么不同？

一般来说，大家常吃的蚕蛹，表皮较硬，颜色多为黄色、黄褐色和褐色。而『小神仙』表皮薄且柔软，颜色是黄绿色或者淡绿色，外形和蚕蛹类似。

*“小神仙”是黄绿色或淡绿色的，外形和蚕蛹类似

为什么大连市内市场很少能看到“小神仙”？

由于产量小，大部分庄河当地农户养的“小神仙”都会卖给当地的饭店和农家乐。到庄河北部步云山、天门山旅游，一般的农家乐都会把“小神仙”作为特色菜推荐给游客。大约9月末，可以在庄河北部山区吃到当年最新鲜的“小神仙”。

★庄河北部山区风光。

什么样的人不可以吃“小神仙”？

如果平时就不吃蚕蛹，甚至害怕吃蚕蛹的，就不要点这道菜了。另外，有些人吃蚕蛹过敏，那么吃“小神仙”也会过敏，更要特别注意。

什么是幸福?
身边人。手中事。当下的时光。

寒露

九月节，露气寒冷，将凝结也。

地瓜

dì guā

阎店地瓜好在哪儿？被称大连地瓜『扛把子』，

冬日来临，走在日渐寒冷的大连街头，一股股诱人的烤地瓜味儿会时不时地往鼻孔里钻。

这个时候买上一个热乎香甜的烤地瓜，吃上一口，暖心又暖身，所谓人生中的小幸福大概就是这个感觉吧。

说起大连的地瓜，就不得不提大连地瓜的“扛把子”——阎店地瓜。

答疑嘉宾 | 瓦房店市阎店乡第一副书记兼大东村第一书记黄宏鑫

? 吃地瓜有哪些好处？

地瓜，又称红薯，富含淀粉、膳食纤维、果胶、氨基酸、维生素及钾、铁、铜、硒、钙等多种微量元素，有“长寿食品”之美誉，含糖量高达 15%～20%。有抗癌、保护心脏、预防肺气肿等功效。

古人称地瓜为甘薯，被中医视为良药，《本草纲目》记载：“甘薯补虚，健脾开胃，强肾阴。”

阎店啥时候开始种地瓜的?

阎店的地瓜有上百年的种植历史。1945 年以前，阎店的地瓜种植面积极少，只是有人利用田地的边角种上一些，产量很低。1958 年后，因为粮食不足，而地瓜的单产又高，农民为了解决吃饭问题，开始在自留地里普遍栽植地瓜。如今，阎店地瓜走出乡村，成为城里人餐桌上的佳肴，地瓜栽植成了当地农民的主要产业之一。

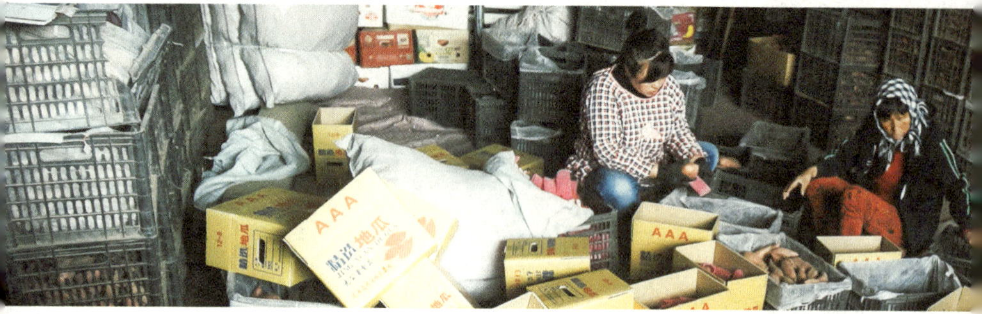

阎店地瓜好在哪里?

地瓜耐旱，一般生长于丘陵地带沙质土地。瓦房店市的地瓜在大连地区产量最高，而阎店乡又是大连地瓜的主产地，素有“地瓜之乡”的美誉。经科学证明，阎店地瓜营养含量明显高于其他薯类，其赖氨酸、钾、锰、锌的含量高于一般红薯 5~8 倍，尤其是抗癌物质碘、硒的含量比其他甘薯高 20 倍以上，因此被誉为“绿色保健食品”。

阎店地瓜到底多有名？

每到阎店地瓜收获季节，东北各大城市以及山东等地的客商纷至沓来，竞相收购。阎店地瓜在上述地区的市场占有率达 50%。与此同时，阎店地瓜还走出国门，远销日本、韩国、俄罗斯、蒙古等国家。

地瓜发芽可以吃吗？

地瓜必须放在 10℃左右的环境里储存，高于 15℃，地瓜就会发芽，不宜再吃。

市面上的阎店地瓜都是真的吗？

每年一到地瓜大量上市的季节，市场上就冒出了不计其数所谓的阎店地瓜。更有甚者，大量外地的地瓜也纷纷贴上“阎店地瓜”的商标销往大连。阎店乡政府工作人员到山东、河北出差时，发现这两个地方居然都有所谓的阎店地瓜销售。

虾爬子

xiā pá zi

被误会『注胶』是咋回事儿？『网红』虾爬子有多少名字？

大连产的海参鲍鱼被公认为中国最好的海珍品。但是，在网络上最走红的大连海鲜却是皮皮虾，也就是大连人口中的虾爬子。那么我们就扒一扒虾爬子的“网红史”。

答疑嘉宾 | 大连美食文化协会会长 高成聪

虾爬子到底有多少个名字？

虾爬子学名虾蛄，别名螳螂虾、琵琶虾、喇蛄虾、皮皮虾等，属于甲壳纲虾蛄科。虾爬子的习性和虾、蟹差不多，每年5月产卵，所以4月份正是它肥壮鲜美的时候。过了这个季节，下一个吃虾爬子的季节就要在9月以后了。

虾爬子有何营养价值？

虾爬子不仅肉质鲜嫩，味道也足够鲜美，并且营养还十分丰富。它含有丰富的蛋白质，有助于促进大脑的发育和维持肌肉的生长，可促进少年儿童的骨骼发育和预防老人骨质疏松症，可预防高血压和心肌梗死。虾爬子还具有通乳作用。另外，在中医上，虾爬子还是补肾壮阳的好东西，它还可以用来养血固精、益气滋阳等。

母虾爬子更好吃吗？

公母虾爬子各有其风味，并非所有季节的母虾爬子都好吃。凡是新鲜的虾爬子都比较好吃。

虾爬子“注胶”，真有这回事儿？

曾经有段“注胶皮皮虾”的视频突然刷爆了朋友圈。一女子称自己在早市上买到的皮皮虾，煮熟后每一只里面都有硬硬的红色物体，并说这是注在皮皮虾里的“胶”。其实这是虾子。繁殖季节，皮皮虾卵巢胸部第 4 节至尾节呈黄褐色，背面有黑色素分布，煮熟后卵巢内虾黄凝固成红棕色。

大连市场上的虾爬子一般来自哪里？

目前大连市场上的虾爬子多来自旅顺、瓦房店、普兰店和庄河，偶尔也有从山东和南方运过来的虾爬子。因为大连纬度高、海水凉、盐度高，所以民间普遍认为产自大连周边海域的虾爬子更加鲜美。大连地区最有名的虾爬子产地是庄河和杏树屯。

虾爬子是格斗高手？

虾爬子的攻击能力和速度在同类型生物中排行第一，它不是单纯地直接攻击猎物，而是会先把陷阱设置好，自己再躲到一旁看谁落入陷阱当中，看准时机就立刻发起进攻。研究表明，虾爬子是地球上最有创意的杀手生物之一，一对附肢出击时可加速到点 22 口径步枪子弹的初射速度！并且能在不到三千分之一秒的时间内以 300 斤的力量击杀猎物。虾爬子的眼神也非常犀利。蝴蝶的眼神几乎已经很牛了，虾爬子比蝴蝶更厉害。

过往为序,来日可期。

虽然一年又流逝大半,但至少还剩下三分之一的时光,值得我们全力以赴。

霜降

谓霜降之后，清风先至，所以戒人为寒备也。

苹果

píng guǒ

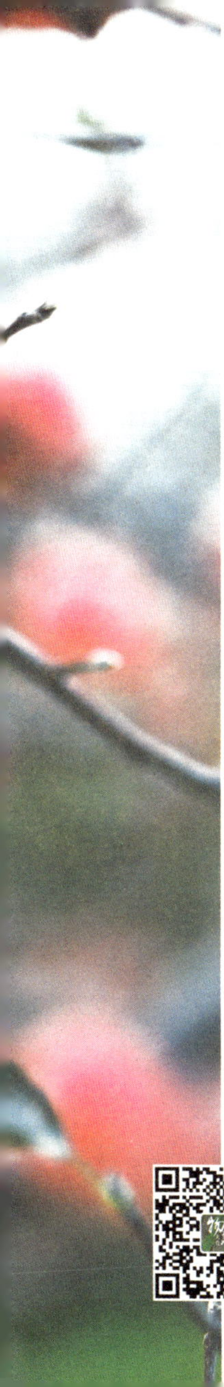

大连苹果曾经有多红？

一日一苹果，医生远离我。每年黄叶零落、天气乍寒之时，不少大连人除了囤秋菜之外，还囤一点秋果。大连苹果不仅是大家茶余饭后的期待，也是一代又一代人的生活记忆，给萧瑟的秋天里带来了一点仪式感。对于我们几乎每天都能接触到的大连苹果，你到底知道多少呢？

答疑嘉宾 | 瓦房店东马屯村党总支书记孙经中，大连市劳动模范、大连家栋果品专业合作社理事长孙家栋，瓦房店赵屯乡果树种植户徐振田

★扫码尊享视觉盛宴

苹果最大的生产国是哪儿？

苹果是世界上最重要的水果之一，目前全球有超过 80 个国家种植苹果，中国是其中最大的生产国，“富士”则是目前世界第一大栽培品种。

最高纪录。

大连苹果曾创下什么世界纪录？

20 世纪六七十年代，『九园』苹果最高单株产量 1357.5 公斤，创下当时苹果单株产量的世界最高纪录。

大连苹果如何闻名全国？

1958 年，三十里堡国有农场第九个果园（俗称『九园』）生产的苹果成为国庆招待会专用苹果。1969 年中共九大召开前夕，『九园』苹果又作为特供果品被空运到北京。

大连苹果在国内市场处于什么地位？

20 世纪 50 年代，大连苹果产量就占全国苹果总产量的 60%。如今，大连已经成为我国重要的苹果出口基地。

大连为啥被称为“苹果之乡”？

大连市位于欧亚大陆东岸，特别适合苹果生长发育。

大连苹果果形端正，果面光洁，果肉细腻，松脆多汁……种种优点让大连苹果成为全国农产品地理标志，也让大连获得了“苹果之乡”的美称。

大连苹果啥时候开始栽的？

据《大连市志》记载，早在 1898 年，俄国人在旅顺、金州等地建立苗圃，栽种的就有早熟苹果。1900 年，日本人松崎林兵将国光、红玉、倭锦等苹果苗木引入大连。

大连苹果何时第一次走向世界？

1931 年，大连苹果开始大量销往日本及东南亚、西伯利亚地区。这也是大连苹果第一次走向世界。

2007 年，大连苹果进入欧洲市场；2014 年，进入大洋洲市场；2016 年，又进入美国市场……这意味着大连苹果已经拿到了世界高端果品市场的“通行证”。

尤为值得一提的是，大连苹果出口至孟加拉国、泰国等“一带一路”沿线国家，数量和品种也在不断增加。

葡萄

pú tao

无核葡萄是不是转基因的？

辽宁『吐鲁番』在哪儿？

葡萄让新疆的吐鲁番家喻户晓，因地理位置和气候条件等因素，大连瓦房店李官等一些地区被称为辽宁“吐鲁番”。葡萄栽植不仅带活了一方经济，更带富了一方百姓。秋天硕果累累，在众多水果中，酸酸甜甜、果香四溢的葡萄很受市民追捧。作为世界最古老、分布最广的水果之一，葡萄不仅品种繁多、口感各异，而且食用方法也丰富多样，可以生吃，可以晒作葡萄干，还可以酿造葡萄酒。

答疑嘉宾 | 大连市现代农业生产发展服务中心（大连市农业科学研究院）高级农艺师马海峰

葡萄和提子是同科目水果吗？

葡萄按果实类型分类属于浆果，是浆果中当之无愧的老大哥。从植物学分类讲，提子就是葡萄。“提子”即广东话“葡萄”的意思，它只是葡萄中一些品种的商品化称呼，即果肉硬脆的一类葡萄。

相比其他果树，为什么葡萄树可以长寿？

因为葡萄树体上出现衰老的部位会在每年秋天剪掉，再留新生枝条补位，所以一直能保持年轻状态。世界上还有上千年的葡萄树存在。

大连是从什么时候开始栽培葡萄的？

人类栽培葡萄的历史至少有五千年。有据可查的历史是张骞出使西域将栽培葡萄引入中国，但中国也有土生土长的野生葡萄，如东北的山葡萄等是我国自己的原始种质资源。大连栽培葡萄的历史没有详细记录，但在大连营城子地区有一个百年葡萄园，占地 50 亩，据村里的百岁老人讲，这个玫瑰香葡萄园比他年龄还要大，据说是当年日本人带过来种植的。

大连葡萄主产区在哪里？

大连是葡萄种植区划中的适宜区，在国内晚熟品种中品质名列前茅，大连葡萄在国内葡萄市场有很高的知名度和市场竞争力。大连葡萄种植面积大约 7 万亩，主要分布在瓦房店李官镇、许屯镇、土城子乡等北部乡镇，旅顺、甘井子、金普新区、庄河也有几千亩规模的种植。大连本土生产的葡萄除了 3 月份是空档期外，全年都有充足供应。

葡萄表皮上的白霜是什么？

葡萄表皮上的白霜叫做『果粉』，起到保护果面不受外界影响的作用，其主要成分是淀粉，对人体无害。像巨峰等品种，果粉的厚度是果实健康、成熟、营养丰富的标志。

无核葡萄是转基因品种吗？

目前世界上还没有用于生产的转基因葡萄。事实上无核葡萄是自然存在的，比如市场上常见的『夏黑』品种，在发育过程中不能形成种子；『小蜜蜂』『玻璃脆』『冰美人』，在果实发育过程中胚败育，不能形成种子，这都是自然界的正常现象。也有些品种需要通过赤霉酸处理诱导无核，目的是使其具有更好的商品性和栽培性状，操作规程国际上都有严格限定，符合食品安全的规定。

冬
此时，是北方浅雪的晚秋，是南方薄寒的早春。

WINTER

朔风起，水始冰，盛冬启幕，四时打结，万物藏热于心。
此时，宜紧致意志，宜储存情分，宜输送温暖，宜互通有无。

立冬

冬，终也，
万物收藏也。

章 zhāng 鱼 yú

鱿 yóu 鱼 yú

墨 mò 鱼 yú

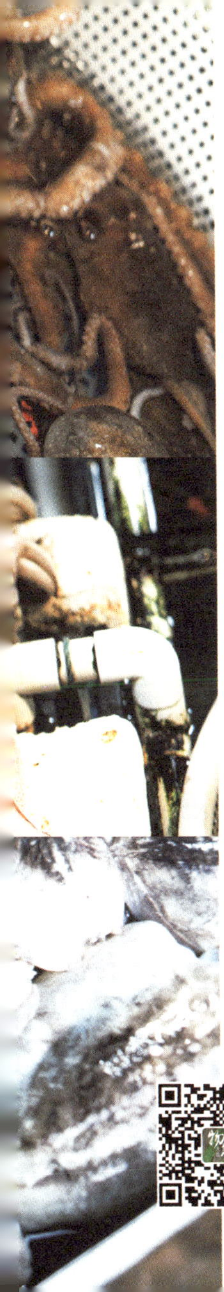

『软氏三兄弟』该怎么区分？章鱼鱿鱼墨鱼其实不是鱼，

孜然鱿鱼、爆炒小章鱼、酱烧墨鱼仔……这些美味简直让人口水直流。

对于“软氏三兄弟”，很多人并不能清楚地区分。它们营养价值几何？各自有何特性？

答疑嘉宾 | 大连市现代农业生产发展服务中心、大连市水产研究所副所长刘彤

“软氏三兄弟”有什么共同点？

章鱼、鱿鱼和墨鱼它们都属于软体动物头足纲的动物，是海产头足类软体动物，它们是“亲戚”。

其实它们不是鱼，而是一种贝类，只不过它们的贝壳已经退化，变成了白色的内骨骼。

它们和贝类看起来最接近的品种是鹦鹉螺。

★扫码尊享视觉盛宴

章鱼

内壳极度退化或消失

八只腕足，胴部球形

章鱼，大连人俗称蚆蛸，在大连有两个品种，它们是短蛸（短腿蚆蛸）和长腕蛸（长腿蚆蛸）。

它们的共同特点是体呈短卵圆形，囊状，无鳍；头与躯体分界不明显，头上有大的复眼及八条可收缩的腕（腿）。每条腕（腿）均有两排肉质的吸盘。

啥习性?

章鱼为肉食性动物，以瓣鳃类和甲壳类（虾、蟹等）为食，亦食浮游生物。栖于多岩石海底的洞穴或缝隙中，喜隐匿不出。

啥特性?

章鱼能随周围环境变换体色和身体长度，在岩石和海藻中表现出很好的拟态。

章鱼用吸盘沿海底爬行，但受惊时会从体管喷出水流，从而迅速向反方向移动。遇到危险时会喷出墨汁似的物质，作为烟幕。有些种类的章鱼产生的物质可麻痹进攻者的感觉器官。

有啥营养价值?

章鱼属于高蛋白低脂肪的食材，每 100 克的章鱼,含有蛋白质高达 19 克,并不逊色于平常的牛肉、猪肉和鱼肉,更是牛奶蛋白质含量的 6 倍,且含有人体全部的必需氨基酸,属于真正的优质蛋白。同时,章鱼的脂肪含量极低,100 克的章鱼中只有 0.4 克脂肪，而同等重量的瘦猪肉的脂肪也有 6.2 克,同为水产品的草鱼,每 100 克鱼肉脂肪含量也有 3.2 克。因此,如果我们想摄取蛋白质又不想脂肪摄入超标的话,章鱼是不错的选择。章鱼性平味甘,无毒,可以入药,具有补气养血、收敛生肌的作用,是女性产后补虚、生乳、催乳的滋补佳品。

有何禁忌?

有荨麻疹等过敏史的人及癌症患者忌食章鱼。

如何食用?

适合生吃。还可以煮熟拌葱丝,做烧烤,做章鱼小丸子,做海鲜粥等。

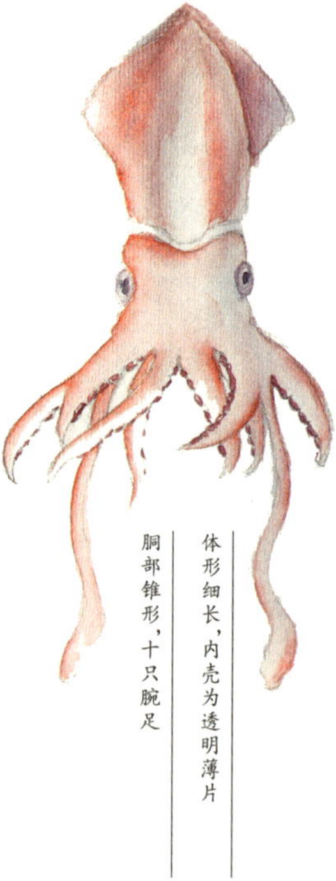

鱿鱼

目前，市场常见的鱿鱼有两种：一种是躯干部较肥大的鱿鱼，它的名称叫“枪乌贼”；一种是躯干部细长的鱿鱼，它的名称叫“柔鱼”，小的柔鱼俗名叫“笔管仔”鱿鱼，身体细长，呈长锥形，前端有吸盘。中国枪乌贼也就是“鱿鱼”，年产4万~5万吨，主要渔场在中国渤海及福建南部、台湾、广东和广西近海。

啥习性？

鱿鱼常成群游弋于浅海中上层，垂直移动范围可达百余米。以磷虾、沙丁鱼、银汉鱼等为食，本身又为凶猛鱼类的猎食对象。卵子分批成熟，卵包于胶质卵鞘中，每个卵鞘随种类不同包卵几个至几百个，不同种类的鱿鱼产卵量差别也很大，从几百个至几万个不等。

啥特性？

可人工控制鱿鱼苗的性别。鱿鱼从孵化起到10月龄，雄性鱿鱼体重可达700克，而雌性只有300~400克。

有啥营养价值?

鱿鱼是高蛋白低脂肪食物。富含钙、磷、铁等微量元素，利于骨骼发育和造血，能有效治疗贫血；鱿鱼除富含蛋白质和人体所需的氨基酸外，还含有大量的牛磺酸，可抑制血液中的胆固醇含量，缓解疲劳，恢复视力，改善肝脏功能；鱿鱼所含多肽和硒有抗病毒、抗射线作用。

有何禁忌?

鱿鱼有“一口鱿鱼三口肥肉”之称，属于发物。边吃鱿鱼边喝啤酒，易造成嘌呤、苷酸与维生素B_1混合在一起，发生化学作用，形成结石或引发痛风。高血脂、高胆固醇血症、动脉硬化及肝病患者慎食。

如何食用?

只能煮熟食用。三者之中，数鱿鱼口感最好，肉质最嫩。爆、炒、烧、烩、炸各种通吃，配合度最高。

体形扁圆，内壳为白色石灰质

胴部袋形，十只腕足

墨鱼

墨鱼学名乌贼，俗称墨斗鱼或墨鱼。

啥习性?

墨鱼是一种大型的肉食性软体动物，生长在外海或海湾与外海的交界处。我国沿海均有分布，以黄海、渤海产量较多。产期多在8~12月份，11月份为盛渔期。大连地区最大个体墨鱼是金乌贼，胴长可达20厘米。

啥特性?

大连海域常见的墨鱼有金乌贼、曼氏无针乌贼和耳乌贼。其中金乌贼和曼氏无针乌贼有一船形石灰质的硬鞘，是很好的中药，称“海螵蛸”，是一味止血、收敛之常用中药。此外，其肉、黑囊、缠卵腺均可入药。乌贼遇到强敌时会以“喷墨”作为逃生的方法并伺机离开，因而有“乌贼”“墨鱼”等名称。不过，这种“墨汁”需要储积相当长的时间，所以墨鱼非到万分危急时刻，是不肯轻易喷放“墨汁”的。墨鱼在漫游时，一般靠两侧肉翼和头部腕足做正向运动，又是“反向短跑健将”。

有啥营养价值?

墨鱼,味鲜美,可鲜食,亦可加工成干品墨鱼干。

雄性生殖腺和雌性缠卵腺分别可加工成乌鱼穗和乌鱼蛋,均为海味佳品。

营养上来说墨鱼的滋补性更强，它用于炖汤比较多。

墨鱼的价格相对较高，它含有丰富的优质蛋白,是一款低脂的美食,即使是“三高”病人也可以食用。

有何禁忌?

墨鱼不适合患有湿疹、荨麻疹的病人食用。

如何食用?

只能煮熟食用。一般用来煲汤的都是墨鱼。墨鱼的做法多样,有白灼、烧烤、炖豆腐、烤墨鱼干等,还可以做成火锅的好伴侣,比如墨鱼丸和墨鱼滑。

鲅鱼

bà yú

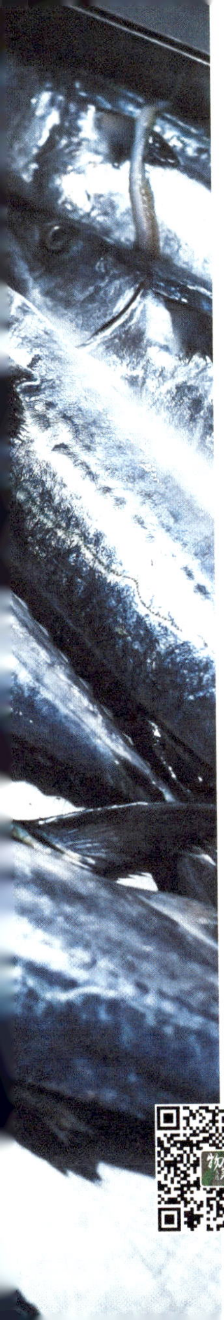

说起大连『冬天的味道』，为何就会想起鲅鱼？

初冬的大连，空气中弥散着鲜鲜的又有些咸咸的味道，这种与众不同的味道就是大连冬天生活的味道。其实，这种味道能看得着也能摸得见，它就摆在矮矮的围墙上，它就挂在长长的铁丝上；它就在热气腾腾的蒸锅里，它就在滚烫滚烫的煎锅里……咸鲅鱼的味道，氤氲了大连冬天的餐桌，也让人间烟火活色生香。鲅鱼这么美味，作为大连人你对它真的了解吗？

答疑嘉宾 | 大连工业大学食品学院教授农绍庄，大连美食文化学会会长高成聪

★扫码尊享视觉盛宴

鲅鱼有多少种？

鲅鱼学名马鲛，在我国东部海域常见蓝点马鲛、中华马鲛、斑点马鲛、康氏马鲛。大连地区常见的鲅鱼体呈纺锤形，侧扁，尾柄细，老百姓俗称“燕鲅”。

如何辨别本地鲅鱼和南方鲅鱼？

本地鲅鱼全身蓝绿色，阳光下有荧光的感觉，背部有明显蓝色实心斑点；而南方鲅鱼鱼背是灰黑色，鱼肚雪白，鱼背腹颜色分明，鱼背上是空心的螺旋纹。本地鲅鱼体形偏小，更细长一些。南方鲅鱼个头一般比本地鲅鱼要大。

如何区分鲅鱼和鲐鲅鱼？

1 体高：鲐鲅鱼鱼体较高，呈椭圆状；鲅鱼鱼体较长，呈圆状。

2 背鳍：鲐鲅鱼两个背鳍间距较远；鲅鱼两个背鳍紧靠。

3 尾鳍：鲐鲅鱼尾鳍上下各有5个小脂鳍；鲅鱼尾部上下各有8~9个小脂鳍。

4 颜色：鲐鲅鱼背部呈青黑色，腹部淡黄色；鲅鱼背侧为黑蓝色，腹侧银灰色，腹部为灰白色。

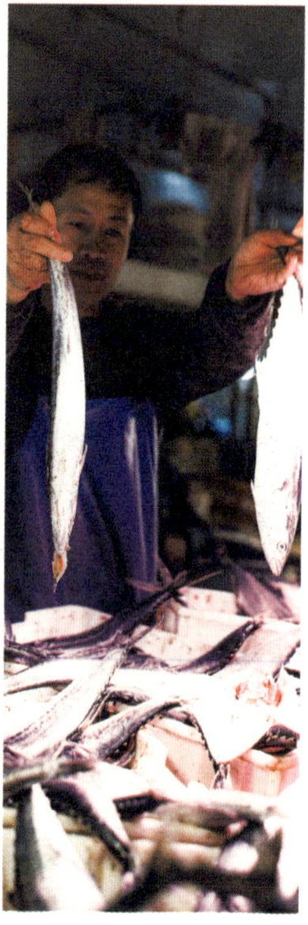

吃鲅鱼会中毒吗？

经常在新闻中可看到这样的报道，很有可能是吃了鲐鲅鱼。鲐鲅鱼体内血液、卵巢、内脏和头部等含有大量组氨酸，能引起中毒。当鲐鲅鱼不新鲜或腐败时，鱼体内的细菌就会分解鱼肉，生成组胺和类组胺物质，导致一系列过敏症状。选购鲐鲅鱼时，如果发现鱼眼变红、色泽不新鲜、鱼体无弹性时，不要购买。食用鲜、咸的鲐鲅鱼时，烹调前应去内脏、洗净，切段后用水浸泡几小时，然后充分加热。

鲅鱼有养殖的吗？

理论上鲅鱼可以养殖。但是，鲅鱼的经济价值低，繁殖毫无意义。同时育种成本相对较高，鲅鱼的成活率较低。所以，市场上养殖的鲅鱼非常少见，基本都是野生的。

吃鲅鱼有什么禁忌？

鲅鱼属于发物，含有高蛋白，会引起痛风。另外，鲅鱼属于性凉的食物之一，脾胃虚寒的病人应该尽量减少食用。

松柏在严寒中倔强，万物在轮回中冬藏。
世事有标注，天理有循环，命运有定数，种下什么因，终会结什么果。
一切福田，都离不开心地。

小雪

小雪气寒而将雪矣，
地寒未甚而雪未大也。

海胆

hǎi dǎn

我们吃的是它什么部位？『海中仙丹』有多少条『腿』？

大海在带给我们美景的同时，也给我们带来了丰富的海产品，作为家乡靠海的大连人，喜欢的海鲜更是举不胜举。到了秋高气爽的季节，美味的海鲜也越发肥美，对于非常喜欢海鲜的大连人来说，除了新鲜的海鱼、肥美的螃蟹、味美价廉的裙带菜等美味的海鲜之外，最让人垂涎欲滴的就是海胆了。丰腴的口感和带着海水味的鲜甜入口即化，浓郁的鲜香在口腔中冲击着味蕾，强烈的幸福感就填满了胸腔。那么，我们吃的是海胆的什么部位？海胆怎么吃最好吃……

答疑嘉宾 | 大连海宝渔业有限公司副总经理冷晓飞

海胆的近亲都是谁？

大连方言“刺锅子”就是海胆的意思，也叫“海刺猬”。海胆算是地球上最长寿的海洋生物之一，是海洋里一种古老的生物，据科学考证，它在地球上已有上亿年的生存史，与海星、海参是近亲。

海胆都有哪些营养价值？

被誉为『海中仙丹』的海胆，食用和药用价值兼有。典籍曾有记载，明代道家的炼丹师用海胆做原料，炼制强精壮阳的『云丹』，直接贡奉朝廷。海胆对提高儿童智力和增强视敏度，预防老人心血管疾病、糖尿病和肿瘤等具有重要功效。

海胆的繁殖方式有什么特别之处？

绝大多数海胆为雌雄异体，某些种类为雌雄同体。一般海胆是有性生殖。海胆是群居性动物，一般生长3年的海胆开始繁殖后代——在一个局部海区内，一旦有一只海胆把精子或卵子排到水里，就会像广播一样把信息传给附近的每一只海胆，刺激这一区域所有性成熟的海胆都排精或排卵，这种怪现象被形容为“生殖传染病”。

我们吃的是海胆的什么部位？

我们吃的海胆，其实是海胆黄，它是海胆的黄色部分，也是海胆的生殖腺。海胆的“腿”是指它的管足，而不是刺。不同种类的海胆管足数量有差别，并且在幼年时管足数量少，到成体时，管足数量从几百到几千根不等。

大连海域什么海胆最好吃?

全世界现存海胆大约为850种。大连海域生产虾夷马粪海胆(又叫中间球海胆)、大连紫海胆(北紫海胆、光棘球海胆)、马粪海胆、黄海胆。原产地为大连的有大连紫海胆、马粪海胆、黄海胆。海胆的吃法多种多样,不管是哪种,不管是生食还是熟食,带来的美味体验不分伯仲。

大连海胆有何独特优势?

大连海胆的产量和品质在国内都处于领先地位。大连从事海胆的育苗、养殖、加工以及科学研究的人全国最多。此外,大连水温较低,海底藻类比较丰富,大连产的海胆肥满度高,上市季节相对后延,且时间长。2010年12月15日,农业部批准对"大连紫海胆"实施农产品地理标志登记保护。

渤 bó
海 hǎi
刀 dāo

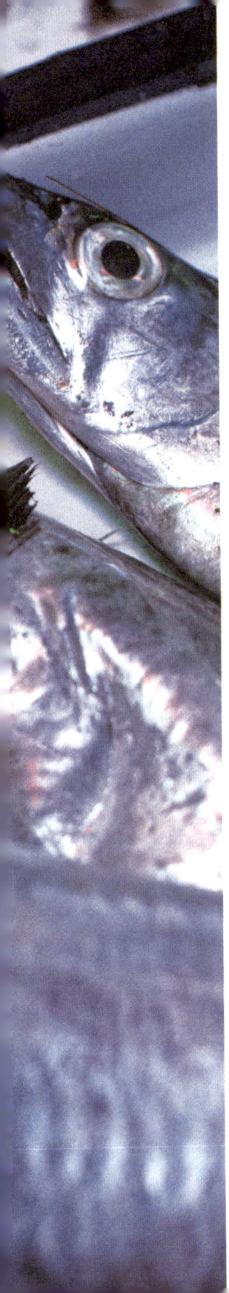

为何见不到养殖的？大连人最爱的『渤海刀』是啥鱼？

海边的人，最爱的应该要算是海中的鲜鱼，而众多鲜鱼中，“渤海刀”是大连人最爱的鲜鱼之一，清蒸、红烧、干煎、炖萝卜……一想到那鲜美的味道，便忍不住口水直流。

那么大连人口中的“渤海刀”是啥鱼？为啥叫“渤海刀”？它又有哪些营养价值？我们又该怎么分辨当地出产的“渤海刀”？

答疑嘉宾 | 旅顺口区深海牧场（大连）渔业有限公司负责人王垒，大连市现代农业生产发展服务中心水产研究所研究员闫龙

大连海域的带鱼有几种？

目前全国有带鱼10多种，大连地区发现的带鱼有两种，一种是带鱼，在黄渤海、南海、东海中都有分布，数量最多；一种是小带鱼，主要分布在渤海和黄海。

带鱼可以养殖吗？

目前没有完全掌握带鱼的育苗和养殖技术，人工育苗和养殖的技术没有攻破。而且带鱼是深海鱼类，又是那种凶猛的肉食性鱼类，养殖难度挺大，所以说带鱼基本上都是野生的。

“渤海刀”究竟是啥鱼？

“渤海刀”泛指我国渤海所产的带鱼，由于渤海海域营养盐丰富、水温较低等特点，造就了渤海刀鱼特有的头小、眼睛小、眼睛为黑球白睛、皮脂厚、肉质细腻、味道鲜美。因口感有别于我国东海带鱼和南海带鱼，称之“渤海刀鱼”。因为大连方言属于胶辽官话，大多数渔民沿袭了山东老家的叫法，称之为“刀鱼”。带鱼刚出海面银光闪眼，犹如古代侠客手中宝刀，故名“渤海刀”。

带鱼为何捕捞上来就会死？

带鱼属于深海鱼，一旦被捕捞上岸，由于陆地和深海的压力差，鱼鳔会急剧膨胀破裂，导致带鱼死亡。所以说我们基本见不到活带鱼。

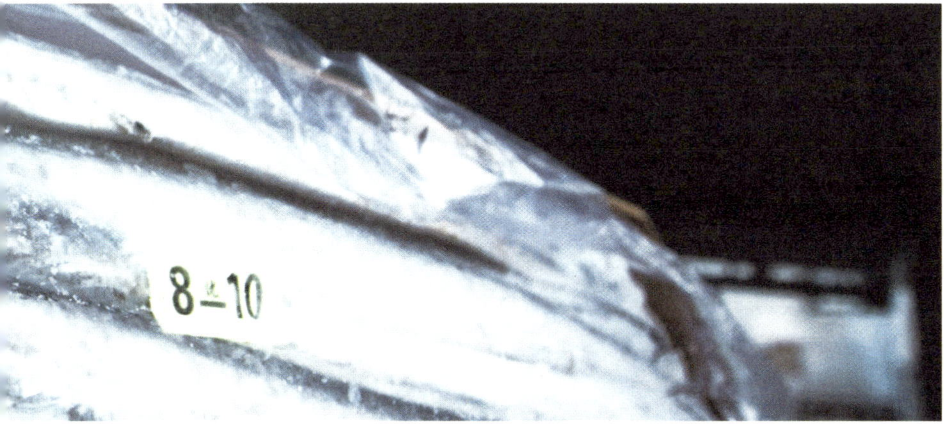

带鱼都有哪些营养价值？

带鱼是一种高脂鱼类，有补脾、益气、暖胃、养肝、泽肤、补气、养血、健美的作用。孕妇吃带鱼有利于胎儿脑组织发育。癌症患者不适合吃带鱼。

渤海出产的带鱼就是"渤海刀"吗？

老大连人所说的"渤海刀"是特指生活在渤海里的小带鱼，这种小带鱼在很长一段时间里基本销声匿迹了，根本形不成渔汛。

市场上常见的"渤海刀"则是渤海里的带鱼，并非老大连人口中、记忆中的"渤海刀"，但是因为生活在渤海里，得天独厚的自然条件，其味道还是十分鲜美的。

还有一种带鱼与其非常相似，叫做高鳍带鱼。它鱼头稍大，嘴巴钝，眼较大，身形扁宽，体长 1.5 米左右。市场上冰鲜的、体态稍大的带鱼多是这种从南方或远洋捕捞而来的高鳍带鱼，口感比不上"渤海刀"，价格也有差别。

大雪纷纷,万物素简,冷凝为一份清澈的期待。

给心灵减负,给欲望加闸,人生最好的境界,就是丰富的安静。

大雪

大雪，十一月节。大者，盛也。至此而雪盛矣。

海蛎子

hǎi lì zi

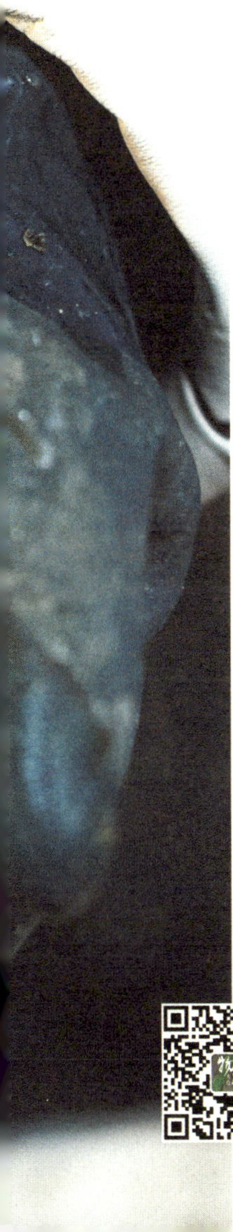

美食界的奢侈品，为何在大连落入凡间？

电视剧中，商界精英们经常会摇着红酒杯，吃着生蚝，谈着股票涨跌；浪漫的法国人的法式大餐中，生蚝也是不可或缺的。

生蚝，在影视作品中仿佛是美食界的奢侈品。而在大连，在冬日几乎任何一个农贸市场，这种“奢侈品”随处可见，生吃、炖酸菜、炒鸡蛋、炸蛎黄，它是大连市民餐桌上常见的小海鲜。海蛎子为什么味道鲜美？它的营养价值真的很高吗？

答疑嘉宾 | 大连生蚝小镇的大连区域经理张胜恒，技术员姜立楠

★扫码尊享视觉盛宴

海蛎子、生蚝、牡蛎是一种东西吗？

牡蛎又称蛎蛤、牡蛤、蛎黄、海蛎子、蚝子等。在不同的海域生活着多个牡蛎品种，大连地区的牡蛎是大连湾牡蛎。生蚝是牡蛎品种中个头比较大的一种，有的带壳的就能在一斤以上，经济价值较高。一般来说，南粤称蚝，闽南称蛎房，咱们大连人叫它海蛎子。

海蛎子分公母吗？

大部分的海蛎子是分雌雄的，但也有一些品种是雌雄同体。海蛎子一岁时进入人生中的第一次成熟，它们是“男生”，向海水中释放精子。两岁或三岁后就成为“女生”，继而向外释放卵子。

怎么区分海蛎子是公还是母？

单从外表是看不出来的。海蛎子通常是在夏天的时候繁殖，母海蛎子比公海蛎子的口感要甜一点，而且肉汁更饱满，肉质更鲜嫩。还有就是，肉的形状也不同，母海蛎子的肉要比公海蛎子的肉多好几个层次。

海蛎子有壮阳的功效吗？

《本草纲目》中记载了牡蛎治虚弱、解丹毒、止渴等药用价值。海蛎子肉中含有多种氨基酸、糖原、大量的活性微量元素及小分子化合物，其壳中含有大量碳酸钙。海蛎子里富含多种氨基酸、锌、硒等营养元素，可以达到壮阳补肾的功效。

野生海蛎子和养殖的有区别吗？

海蛎子是附着在一定的物体上生长的。野生的就是长在礁石上的，养殖的就是将海蛎子苗种投放在浅滩礁石或海里垂的吊绳或贝壳上，两者都不用人工投饵，都是靠海水里的微小生物为食自然生长，生长速度和营养价值都差不多。

海边的海蛎子能生吃吗？

海蛎子对水质要求比较高，如果海水遭到污染，海蛎子就会患病。因此，不是所有地方的海蛎子都能生吃。一般 11 月开始到次年 4 月是大连海蛎子最好吃的时候。由于海水盐度较高、水温较低，大连的海蛎子在口感、味道、营养价值上要略胜南方一筹。

常听人说"原浆""翻浆"海蛎子是咋回事儿？

"原浆"海蛎子就是指现杀的海蛎子取肉之后不加水、不洗，保持原来的新鲜度。"翻浆"海蛎子指的是已经排卵的海蛎子。刚要排卵的时候，海蛎子肉质看着特别饱满，但是口感生涩，吃完容易拉肚子。排完卵的海蛎子肉质透明发黑、口感发苦，没有食用意义。

辣 là
根 gēn

吃海鲜为何最好蘸辣根？辣根山葵芥末傻傻分不清，

就像豆浆配油条、煎饼卷大葱一样，每种食物都有属于它自己的灵魂“伴侣”。在大连，要说生食海鲜搭配什么最好吃，答案肯定只有一个：辣根！试想一下，新鲜剖出来的海蛎子或生鱼片蘸上用酱油调好的辣根，口中鲜香四溢之时，辛辣冲鼻的快感欣然而至，最能诠释一个地地道道的大连人对“血受”这个词的极致追求。很多人知道大连盛产海鲜，但却很少人知道，吃海鲜时常蘸的辣根其实也是大连特产。

答疑嘉宾 | 大连金葵食品集团有限公司董事长丛培刚

辣根能杀菌？

就像人们吃烤肉时生吃大蒜一样，生食海鲜蘸辣根，除了能够提鲜、去腥、开胃，还能杀菌抑菌。在古代，辣根是治疗肠胃消化不良、利尿的良药。另外，辣根中含有的 ITCs（异硫氰酸盐）本身不具有抗氧化性，但它在人体内进行了一系列生化反应后，可以产生一些具有抗氧化作用的物质。

辣根山葵芥末如何区分？

辣根食用的是根部，根白、粗、大，大连为主产地，其制成品为青芥辣膏、青芥辣粉等，大连人吃海鲜蘸的最多的就是辣根。山葵食用的是根部，根小，呈鲜绿色，产于云南、四川等高海拔地区，同等重量的山葵市场价格相当于辣根的60倍，通常是在高档日料店中使用，一般都是选用特殊的器具现吃现磨。芥末是指用芥菜籽研磨成的粉状调味品，制成品通常分为芥末粉和芥末油，一般呈黄色。它是世界上最普及，也是历史最悠久的香料之一。

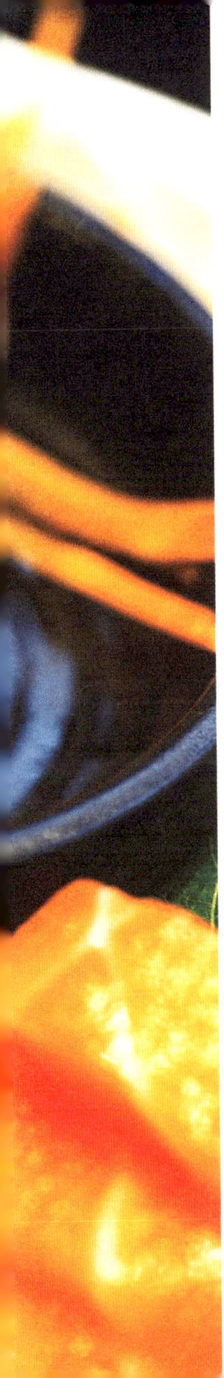

辣根是外来的还是土生土长的?

辣根原产于欧洲,但在日本需求量较大。20 世纪 70 年代,大连瓦房店地区开始引进日本陆地辣根种植。据说,当时日本辣根协会带着辣根种苗去了中国十多个城市试种,结果经过科学实验和检测,在瓦房店山区试种的辣根品质最佳。

为什么大连是“辣根之乡”?

瓦房店是大连辣根主产区,种植面积有 1 万多亩。能够满足国内外市场的需求;此外大连还拥有金葵、天力等多家国内辣根行业的龙头企业,人连是名符其实的“辣根之乡”。

目前,大连辣根的种植面积和产量约占全世界的 70%。

中国第一种辣根产品产自哪里?

30 多年前,大连企业作为中国辣根产业的领导者和拓荒者,研发出我国第一种拥有完全自主知识产权的辣根产品,填补了中国辣根市场的空白,打破了日资企业长期垄断中国辣根市场的局面,奠定了中国民族辣根品牌的国际地位。

天时人事日相催，冬至阳生春又来。
今天，白天最短，寒夜最长，新一轮岁月循环始发。
饱经世故不世故，人间向暖。

冬至

冬至阳气起，君道长，故贺。

海参

hǎi shēn

极品海参出自大连，这个评价是怎么来的？

“海参，产辽海者良。”海参存在的历史距今六亿年，悠久岁月中几乎都是在渤海湾一带生活。据史料记载，辽刺参早在明清时代就因其显著的营养价值和保健功效而被尊为滋补珍品，被誉为“参中翘楚”。后来，大连海参更成为大名鼎鼎“佛跳墙”的主料。海参，应该是大连人最为熟悉的一种养生食材了，每年的10月都是秋季海参海捕的时节。但是对于大连人司空见惯的海参，它分公母吗？它有哪些特性……

答疑嘉宾 | 大连海洋大学水产养殖专业副教授左然涛

★扫码尊享视觉盛宴

海参分公母吗？

海参属于无脊椎动物棘皮动物门海参纲。多数海参是雌雄异体，但从外形上难以分辨雌雄。从受精卵成长为稚参，海参要经过一个很复杂的变态过程。不过虽是雌雄异体，但海参是体外受精，过程和青蛙的繁殖类似。

大连海参为何被称为海参中的极品？

20 世纪 90 年代，海参养殖在大连开始成为产业。大连海参之所以被认为是海参中的极品，专家认为这与大连优越的地理条件有关——大连地处北纬 39°海珍品黄金生长带。2007 年，『大连海参』成为一个专有名词，被认定为国家地理标志产品。

海参如何对付天敌？

海参独有一些特性，其中一个就是排脏现象。海参遇到天敌时，为了逃生，它会把内脏排出体外，用这些内脏吸引敌人的注意力，以达到逃走的目的。在排出内脏后，经过 60 天左右，它就可以再长出一副全新的内脏。

公海参好吃还是母海参好吃?

从营养上来说，海参的营养价值与雌雄无关，而与季节有关。通常来说春季和秋季的海参营养价值较高，因为这两个季节海参的体壁较厚，而这两个季节中，秋季更好。而从口感上来说，由于中国人传统食用海参的习惯，性腺（俗称海参花）是抛弃不用的，所以雌雄海参的口感差别几乎没有。刨除口感，从营养上考虑，越简单的加工方式越有利于海参营养成分的保留。

海参有骨头吗?

海参的骨头在学术上被称为骨片。海参的内骨骼多不发达，必须用显微镜才能看见的许多微小石灰质骨片埋没于外皮之下，散布在体内。这些微小的骨片，并不会影响海参的口感，却让海参富含钙质。有人曾统计过丑海参，其骨片数量达到2000万个。

刺越多海参越好?

据《本草纲目》记载，辽参以“色黑、肉糯、刺多”为佳。其实海参刺多和刺少，在营养成分上差别不大，但刺多的海参出皮率比较高。从经济上考虑，刺多的比较好。

赤贝

chì bèi

吃赤贝能解忧，有啥科学道理？

大海不但优雅美丽，还是一座海产丰富的宝库。

家乡的海赋予我们夏日解暑场地的同时，也奉上了丰富的海产品。大连的海因为独特的地理位置和优质的海水，使得这里有着鲜美的鱼类、各种各样的贝类……它们千姿百态、形态各异，有些营养价值也非常高，是海鲜珍品。

许多海产品都成为餐桌上非常常见的美食，各种烹饪方式，让它们的美味挡也挡不住，不少海珍品因为营养丰富、口感好，更是受到各类人群的喜爱。

赤贝，算是贝类里个头较大的，它有何营养价值？旅顺的赤贝缘何名声在外？赤贝有哪些食用功效？哪些人不适合吃？我们又该如何挑选……

答疑嘉宾 | 大连市现代农业生产发展服务中心水产研究所研究员闫龙，旅顺口区深海牧场（大连）渔业有限公司负责人王垒

赤贝是什么？

赤贝又名魁蚶，俗名血贝、大毛蛤。寿命10～15年。赤贝为冷水性贝类，生活水温为5～25℃，肉味鲜美，富含营养，宜鲜食。

旅顺赤贝有啥名号？

旅顺赤贝是辽宁省大连市旅顺口区特产，全国农产品地理标志。其多次参加全国农业展览会和渔业展览会，被评为优质海产品。2011年11月22日，中华人民共和国农业部批准对“旅顺赤贝”实施农产品地理标志登记保护。

旅顺赤贝缘何如此有名？

旅顺口区在其独特的地理环境、独特的水域水质环境条件下，经过增养殖管理，形成旅顺赤贝特有的优良品种，贝壳大、坚厚，壳面白色，棕色绒毛状壳皮，肉质红嫩，出肉率高，肉质鲜美，营养丰富，被消费者认可和青睐。多年来其也是旅顺地区主要的出口水产品之一。

赤贝生吃是否安全？

食用赤贝最好的季节是深秋严冬，其肉质紧凑，口感鲜脆。本地海洋冷水团在深秋季正式来袭，赤贝为抵御寒冬拼命摄取营养，所以赤贝肉质更营养，口感最细腻。赤贝刺身是首选。鲜活的赤贝生吃有独特的海鲜鲜甜，只要处理得当，还是比较安全的。

类性多寒凉，故脾胃虚寒者不宜多吃。

赤贝对高胆固醇、高血脂体质的人以及患有甲状腺肿大、支气管炎、胃病等疾病的人尤为适合。但贝在食用贝类食物后，常有一种清爽宜人的感觉，这对解除一些烦恼症状无疑是有益的。

赤贝有什么营养价值？

贝类软体动物中，含一种具有降低血清胆固醇作用的代尔太 7- 胆固醇和 24- 亚甲基胆固醇，人们

日拱一卒无有尽，功不唐捐终入海。

这世界上有两种力量，一种如璀璨烟花，一种如流水静深，前者短绚弥散，后者涓涓不息。

小寒

小寒，十二月节。月初寒尚小，故云。月半则大矣。

裙 qún 带 dài 菜 cài

秋种春收的裙带菜，缘何堪比海参鲍鱼？

出生在大连，印象中除了喜欢吃各种海鲜，那就是最爱母亲做的紫菜、海带、海芥菜了，长大了发现凉拌裙带菜很好吃，而这时候才知道，老大连人口中的“海芥菜”，其实就是裙带菜。它都有什么营养价值？日本人为何称它为“长寿菜”？

答疑嘉宾 | 大连旅顺口区藻类协会会长、大连鑫隆顺食品有限公司总经理 崔亦斌

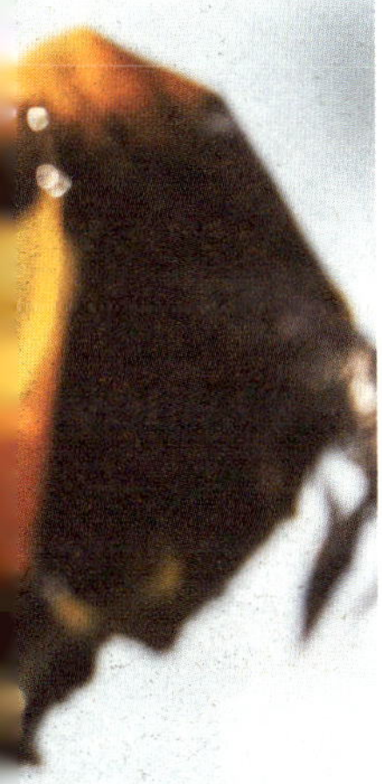

★扫码尊享视觉盛宴

裙带菜的原产地是大连吗？

大连裙带菜来源于朝鲜。1932 年，一艘商船开往大连港，轮船底部附着的几株裙带菜随之落户大连。1934 年，从朝鲜采集来的裙带菜被投放到大连老虎滩、菱角湾一带海域试养，获得成功。翌年，养殖的裙带菜蔓延到周边海区，生长十分繁茂……20 世纪 90 年代初，大连地区裙带菜养殖业出现质的飞跃。作为大连的优势水产品，大连裙带菜的产量一直占据全国产量的九成以上。中国产的裙带菜，90%都销往了日本。

日本人为何称裙带菜为“长寿菜”？

相比于海参、鲍鱼、海胆等海洋里的宝贝，裙带菜在国内一直不被重视，但在日本，它是不亚于名贵海鲜的存在，被认为是最健康的食品原料之一。日本人称裙带菜为“长寿菜”，吃裙带菜就像中国人吃生姜和大蒜，是一日三餐不可缺少的佐料。裙带菜也是日本、韩国儿童和学生营养配餐的必备菜肴。

裙带菜有药用价值吗？

裙带菜的药用价值在《本草纲目》的『海藻』条目中有记载：主治瘿瘤结气，散颈下硬核痛，腹中上下雷鸣，下十二水肿。近现代，经人们探索发现，裙带菜富含人体健康不可缺少的食物纤维、维生素、矿物质和抗癌物质等。裙带菜尤其适宜高血压病、冠心病、动脉硬化、甲状腺肿大、大便秘结患者以及肥胖人士食用。

裙带菜到底有什么营养价值?

裙带菜也被称为“海菜”或“海芥菜”。裙带菜是微量元素和矿物质的天然宝库，裙带菜含钙量是牛奶的10倍，含锌量是牛肉的3倍。

500克裙带菜含铁量相当于21斤菠菜，含维生素C量等于1.5斤胡萝卜，含蛋白质量等于1.5个海参。

它可以说是海藻之王、美容菜、长寿菜、防癌菜、保健菜，是一种碱性食品。

大连出品的裙带菜品质如何?

大连裙带菜因其蛋白质含量高、色泽绿、菜体厚，深受日本市场欢迎。旅顺柏岚子的海域水深、流急、海水交换量大，是大连最适合裙带菜生产的海域之一，生长出来的裙带菜被称为『天然螺旋藻』，还是慢性病的『克星』。大连裙带菜产品的各项化学指标完全符合质量标准，有些指标如蛋白质、铁、钙的含量都高于日本。

人工养殖裙带菜何时种?何时收?

和陆地上春播秋收不同，裙带菜是相反的。每年10月，人们在大海里给裙带菜夹苗，第二年1月中旬到4月末，就进入了收割季。

扇
shàn
贝
bèi

★虾夷扇贝

扇贝的『鲜』，谁能挡得住？

天价猪肉曾一度让人苦不堪言。但是，依海而居的大连人可以转身向海，选择营养价值很高的海鲜。在众多海鲜当中，白菜价的扇贝常常是大连人的首选——不管是白灼还是拌凉菜抑或是涮火锅，扇贝的鲜溜儿味都让这个冬天变得有滋有味。但是，你知道你买的扇贝学名叫啥？营养价值又有什么不同呢？

答疑嘉宾 | 大连玉洋集团股份有限公司海洋技术研发中心主任李磊

★扫码尊享视觉盛宴

？一般大连市民在市场上买的扇贝有哪些？

世界上扇贝的近缘种达300种，在我国沿海已发现50余种。虾夷扇贝、海湾扇贝、栉孔扇贝是大连地区的主要养殖贝类。大连人一般比较愿意吃栉孔扇贝。

这三种扇贝，哪种原产地在大连？

三种扇贝中，只有栉孔扇贝是在大连土生土长的。《大连水产志》(1994 年)记载：大连沿海 20 世纪 60 年代以前主要采捕自然繁生的栉孔扇贝，水产自然资源调查显示，大连全市自然繁生的栉孔扇贝资源面积约 2.8 万公顷，资源量 2300 多吨，主要集中分布在长海县和金州东部、市区南部浅海带、旅顺口区。

海湾扇贝是引进品种吗？

海湾扇贝确实是于 20 世纪 80 年代从美国引进的，目前在我国北部沿海广泛养殖。海湾扇贝生长快，是一种较好的养殖对象。目前它在我国北部沿海，尤其是大连地区已形成大规模的海水养殖，取得较高的经济效益。

栉孔扇贝相对于虾夷扇贝有什么优势？

与虾夷扇贝相比，除了便宜外，栉孔扇贝虽然长相粗糙，却很有内秀：它不仅产量大、病害低，而且味道鲜美，很好地与大连人注重“鲜”的地方口味特色相吻合。

老百姓为什么喜欢栉孔扇贝？

作为原生物种，栉孔扇贝在大连的食用历史要远远早于作为引进物种的虾夷扇贝和海湾扇贝，这得益于大连得天独厚的自然优势所带来的丰富优质的栉孔扇贝自然资源。栉孔扇贝价格平易近人，却与海参、鲍鱼齐名并列为海味中的三大珍品；它其貌不扬，却凭借着肉味鲜美、营养丰富，赢得众多美食家的喜爱。『干贝』自古以来被誉为『海八珍』之一，而这里的『干贝』指的就是栉孔扇贝。栉孔扇贝贝壳较美丽，一般用做贝雕等工艺品的原料。

栉孔扇贝人工养殖源于大连，是真的吗？

栉孔扇贝不仅原产地是大连，其人工繁育和养殖起源于大连，发展也在大连。大连是栉孔扇贝人工育苗养殖当之无愧的发源地。

扇贝都是养殖的吗？

扇贝多栖息于低潮带至数百米的浅海，附着或自由生活，主要以浮游藻类为食。扇贝长期以来是我国海水养殖的重要品种之一。目前，我国扇贝产量主要来源于养殖，野生扇贝捕捞产量极少。

总有些雪，下在期待里。
大寒已来，春风入梦。

大寒

大寒为中者，上形于小寒，
故谓之大。

草莓

cǎo méi

异形草莓能吃吗？

草莓最早叫啥名？

提起大连的水果，首先想到的是大连樱桃和大连苹果，其次就是大连草莓了。随着11月中旬“高原苗”草莓的提前上市，再到春节前后，“温室苗”草莓大规模走进市场，大连人又到了吃草莓的季节。

答疑嘉宾 | 大连市草莓协会会长姜洪波

★扫码尊享视觉盛宴

草莓最早叫啥名？

大连最早种植草莓的历史可以追溯到民国时期，由当时的安东省从朝鲜引入庄河。民国时期草莓还不叫“草莓”，而是叫“高丽果”，最初只是在果园隙地、庭院或盆栽，作为休闲点缀。

大连从什么时候开始大面积种植草莓的？

20 世纪 60 年代初，草莓在庄河光明山镇开始了较大规模种植。1992 年，光明山镇金线沟村金中屯党小组长常明传等 3 名老党员在全镇率先带头干起了草莓大棚生产，不但让当地群众看到了致富希望，也让草莓逐渐步入大棚种植时代，填补了市民冬季吃不到新鲜水果的空白。

草莓是用种子种出来的吗？

草莓果皮上那些黑点点就是草莓的种子，在植物学上称为瘦果。草莓也是唯一一种种子长在外面的水果。草莓虽有种子，但通常用其根、茎、叶的一部分就可发育成新的植株。

大连草莓主产区在哪里?

大连草莓始于庄河,庄河草莓始于光明山镇。大连草莓主要种植区域在金普新区、普兰店、庄河等地,其中庄河草莓占大连草莓总种植面积的90%以上,产值20亿元,是长江以北最大的草莓种植产区。2010年,庄河市被中国果蔬产业品牌论坛组委会评选为"中国草莓之乡"。2012年,庄河草莓被评为农产品地理标志产品。庄河的光明山镇更被中国园艺学会草莓分会授予"中国草莓第一镇"称号。

空心草莓是否因为使用了膨大剂?

异形草莓不是病，空心草莓更不是什么膨大剂、激素造成的,而是单纯地因为品种不同。长相奇怪的草莓大多因为授粉不均、大棚里温度和湿度控制得不好。而注入激素往往会导致草莓的卖相和口感变差,单纯从收益上看,是不合算的。

市面上的草莓为何越来越大?

市面上的草莓之所以越来越大，主要受两个因素影响,即品种和技术。个头大的草莓更受市场欢迎,所以在草莓品种的培育和选择上,自然更倾向于果型大的品种。另外种植技术的不断普及和进步,也可让种植户在种植期进行人工疏果。

大骨鸡

dà gǔ jī

为何要散养？『土鸡之王』

逢年过节，大连人的饭桌上也必定是要有鱼有鸡的。而提起鸡，懂行的大连“老饕”要是有庄河亲朋，都会托人选购一只庄河大骨鸡。在庄河农村，几乎每个家中掌勺的农村大姐都能用烧柴火的大锅做出美味的大骨鸡。对于城里人在小锅小灶里炖制的大骨鸡，庄河人则笑称，最地道的庄河大骨鸡少不了“农村大锅、大柴火棒儿、公的大骨鸡和农村的大姐”。庄河大骨鸡被誉为“土鸡之王”。那么这庄河大骨鸡到底有什么魅力获得国家地理标志证明商标？又该怎么辨别真正的庄河大骨鸡？

答疑嘉宾 | 庄河大骨鸡保种繁育专家王廷英

庄河大骨鸡从何而来？

据记载，当年很多山东移民来到庄河，带来了体形较大的寿光鸡，这些寿光鸡与当地“九斤黄”杂交，诞生了庄河大骨鸡。

庄河大骨鸡有多少年的养殖历史?

据资料记载，庄河大骨鸡养殖已经有 200 多年的历史。

庄河大骨鸡有什么特点?

大骨鸡体壮、腿长、冠厚、毛色油亮。从成年鸡看，无论公母体形都相对较大；大骨鸡都有一双“大长腿”，明显比其他种类鸡要长；大骨鸡公鸡的鸡冠是九齿冠；大骨鸡毛色油亮。

大骨鸡鸡蛋和其他鸡蛋有什么不同?

雌性大骨鸡的产蛋数量平均每年只有 120 枚左右，鸡蛋的个体较大，蛋皮呈粉红色，且表面像蒙着一层淡淡的白霜。其他的鸡蛋一般三分之一为蛋黄，而大骨鸡鸡蛋三分之二为蛋黄，营养含量也更高一些。

大骨鸡公鸡好吃还是母鸡好吃？

由于公鸡生长的周期比母鸡要长一些，且运动量较大，所以公鸡肌肉的纤维含量就要比母鸡高，但肉质相对没有母鸡那么细嫩。如果以家常炖为主，公鸡更适合。如果生炒鸡或者煲汤，母鸡更好一些。

庄河大骨鸡是集中饲养催肥的吗？

庄河大骨鸡无论是商品鸡还是民间家庭饲养的鸡都是散养的。大骨鸡天性好斗，如果饲养密度太大，就会使大骨鸡经常啄咬打架，造成损伤。

也有例外，因为要对种鸡进行族谱和系谱的记录，大骨鸡原种厂会采取笼养，不过也得单鸡单笼。

庄河大骨鸡为何被叫做“土鸡之王”？

大骨鸡肉质鲜美、营养丰富，其脂肪含量是普通肉鸡的 84.59%，蛋白质含量是普通肉鸡的 110.3%，铁含量比普通肉鸡高 64%。镁、铜、锰等微量元素含量比普通肉鸡高 30% 以上。

版务统筹
杨彬

主创团队
马征 祝福
徐婷 韩顺兆

主创摄影
高强

主创手绘
张晓帆

编辑
杨鹏 王军辉

特约编导
孙晖

视频剪辑
安天琪 张艺馨

视频提供
『最美大连行』摄制组

图书在版编目（CIP）数据

物美大连 / 王会军主编. — 大连：大连出版社，
2021.3
ISBN 978-7-5505-1668-7

Ⅰ. ①物… Ⅱ. ①王… Ⅲ. ①特产—介绍—大连
Ⅳ. ①F762.7

中国版本图书馆CIP数据核字(2021)第042366号

WUMEI DALIAN
物 美 大 连

出 版 人：刘明辉
策划编辑：卢 锋
责任编辑：卢 锋 金 琦
装帧设计：贾 礼
责任校对：刘丽君 杨 琳
责任印制：刘正兴

出版发行者：大连出版社
地址：大连市高新园区亿阳路6号三丰大厦A座18层
邮编：116023
电话：0411-83620442 / 83621075
传真：0411-83610391
网址：http://www.dlmpm.com
邮箱：lf@dlmpm.com
印 刷 者：大连金华光彩色印刷有限公司
经 销 者：各地新华书店

幅面尺寸：140 mm × 170 mm
印 张：8.25
字 数：228千字
出版时间：2021年3月第1版
印刷时间：2021年3月第1次印刷
书 号：ISBN 978-7-5505-1668-7
定 价：58.00元

总策划
王会军

编委会
王会军　张田收　赵振江　耿聆

主编
王会军

执行主编
耿聆

副主编
马野新　崔克实

责任编辑
毕庆　汪泉

艺术总监
贾礼

特约摄影
雪林　王垒　林林
张轶　赵金花　刘俊鹭
孔淑玲　邹长仁

手绘
徐婷

版务
王春阳　陈笑迎
孙卉　张永广　卢国忠